A ti, papa, que sé que me sigues allá donde estés.
A Isabel, companya de viatge, per ajudar-me a trobar el nord quan el perd de vista.
I a tu, Cayetano, pels descobriments que ens regalem cada dia.

Evaluación por Competencias Clave:
Un paso hacia la nueva educación.

Manuel Laureda García

Introducción 7

Teoría de las inteligencias múltiples 13

Un cambio que supone el cambio constante 19

El origen de las competencias clave 29

Tetraedro Pedagógico 39

La evaluación por competencias: normativa vigente 45

La evaluación por competencias paso a paso 51

Posibles problemáticas 89

La inclusión en la evaluación competencial 101

Conclusiones 109

Bibliografía 115

Introducción

En la etapa reciente de la democracia en España hemos vivido una evolución exponencial en cuanto a la legislación educativa, de modo que a partir de los años setenta y hasta la actualidad, se han articulado cada vez más y con mayor frecuencia todo tipo de textos legislativos referidos a la educación y la enseñanza.

Leyes, Órdenes, Reales Decretos y Decretos se han sucedido al compás vertiginoso con el que han evolucionado las perspectivas educativas a nivel mundial, de modo cada cambio significativo que se ha producido en la sociedad ha conllevado sus correspondientes cambios en educación para atender a esas nuevas realidades.

Y con la creación de la Unión Europea, la evolución y las realidades sociales se han ampliado, de modo que los ajustes constantes que se marcan desde los organismos europeos competentes en materia social irán en consonancia a los nuevos escenarios.

Veamos cuál es el organigrama de la educación en nuestro país.

En España, la educación depende siempre del Ministerio creado a tal efecto. Con cada nuevo gobierno este ministerio puede recibir una nomenclatura distinta que le confiera más atribuciones, es decir, que además de encargarse de la educación pueda, por ejemplo, encargarse de la ciencia o la cultura. Otras veces, en cambio, se le ha conferido mayor exclusividad al ministerio para atender sólo a la educación.

En la actualidad, el Ministerio de Educación y Formación Profesional es el encargado de regular la materia educativa en nuestro país y lo hace acogiéndose a la última ley educativa promulgada, la Ley Orgánica 8/2013, de 9 de diciembre, para la Mejora de la Calidad Educativa (de aquí en adelante Ley LOMCE). Para su aplicación, el estado generará Reales Decretos y Órdenes Nacionales que serán asumidas por las autonomías.

España es un país integrado por diecisiete comunidades autónomas, a las que confiere competencias propias de modo que se ha creado un modelo descentralizado por el cuall, cada región goza de libertad para auto-gestionarse en muchos ámbitos, pero siempre atendiendo a las directrices nacionales. Y la educación es una de las competencias derivadas a los gobiernos regionales, los cuales se encargan de especificar cómo se aplica todo lo relativo a la ley educativa en cuestión en su comunidad autónoma.

Para llevar a cabo ese cometido, las comunidades autónomas suelen crear órganos que se encargan de la educación para su territorio, la mayoría de las cuales reciben el nombre de Consejerías. Estos órganos crean habitualmente órdenes y decretos para poder gestionar y aplicar la ley educativa en sus comunidades.

Y como España, a su vez, pertenece a la Unión Europea, ha de acogerse a las consignas que dictan a nivel continental.

En otras palabras, lo que pasa en materia educativa en una zona concreta atenderá a las normativas autonómicas correspondientes si las hay, (sino directamente se aplicarían las del siguiente nivel), que a su vez atienden a las normativas nacionales y estas, consecuentemente, respetan las normas europeas.

Por ese motivo, una ley autonómica educativa siempre debe recoger las particularidades de la región, pero irá en consonancia a la ley estatal y esta atenderá a lo que se dicte desde Europa. Y por ese mismo motivo, una ley autonómica especifica y detalla la ley educativa para que pueda aplicarse a la realidad autonómica, pero nunca debiera contradecir la ley nacional ni contravenir las indicaciones europeas.

Por todo ello, podemos encontrar pequeñas diferencias en las leyes educativas de distintas regiones del país, pero todas deben de ceñirse y aplicar la anteriormente citada ley LOMCE (2013), la cual incluye distintos aspectos de ordenación académica, de gestión de centros y elementos curriculares.

Uno de esos elementos curriculares son las competencias clave, las cuales han evolucionado a las competencias básicas incluidas en la anterior Ley Orgánica de Educación (LOE) de 2006. Estas competencias, objeto principal del presente artículo, pretenden preparar al alumnado para una vida adulta completa en la que pueda desenvolverse sin limitaciones en la sociedad actual. Y puesto que la sociedad y sus necesidades cambian, lo hacen las competencias.

Fruto de ese dinamismo y la constante evolución de la sociedad, se generan nuevos intereses y nuevas perspectivas a las que la educación quiere atender. La educación se adapta a la sociedad e incorpora su heterogeneidad a sus sistemas educativos.

Seguramente ese sea el motivo por el cual, en la actualidad estamos viviendo lo que la propia Consellería de Educació de la Comunitat Valenciana denominó como *"primavera educativa"* en 2016 para dar nombre a un proyecto que pretendía reunir nuevas perspectivas y planteamientos didácticos en el marco de la innovación en el mundo de la docencia. Y esta metáfora de la primavera como símbolo del cambio y de la regeneración floral, es un espejo de lo que sucede en el resto del panorama nacional e internacional: en los últimos años ha proliferado la cantidad de propuestas e iniciativas innovadoras que pretenden ampliar los efectos de la enseñanza, de modo que se atienda más a las necesidades de los alumnos y alumnas, pero también que se ajuste en mayor medida a las realidades sociales de la vida fuera de los centros educativos. Nuevas tendencias educativas que se incorporan en el ámbito educativo a través de los docentes, y que pretenden ampliar los registros y la forma en la que se enseña y el modo en que se aprende.

Se cambia afuera, en la sociedad, y la escuela ha de atender a esa realidad.

Por esa razón, se han generado nuevas metodologías, nuevos espacios, nuevos materiales y nuevas formas de interacción entre los alumnos y alumnas. Nuevas formas, en definitiva, de entender la enseñanza y de atender a los que aprenden.

En el presente libro vamos a analizar tres realidades distintas que han surgido en los últimos años, y que están generando cambios importantes tanto la visión sobre cómo aprende la mente del alumno/a, como en la necesidad de incorporar la innovación en la enseñanza. Todo esto, unido a la realidad educativa de Europa, que se traduce en la recomendación de incorporar las competencias clave en los sistemas educativos.

Tras ese análisis, y por consiguiente, vamos a exponer una forma de integrar todos estos elementos a través de la evaluación por competencias.

Teoría de las inteligencias múltiples

A finales de la década de los '70 y principios de los '80, en la Universidad de Harvard de Boston (Massachussets, EEUU), el doctor Howard Gardner y su equipo de colaboradores determinaron que la inteligencia académica, por la cuál se podían obtener titulaciones universitarias, no resultaba ser un factor decisivo para la inteligencia de una persona. Según el citado profesor, la inteligencia de un individuo es algo más amplio y heterogéneo, que la simple capacidad cognitiva por la cual se puede operar matemática y lingüísticamente.

De hecho, según esta teoría, puede que un estudiante tenga una parte cognitiva muy desarrollada y otra, en cambio, escasamente potenciada. Así pues, puede haber alguien que sea capaz de memorizar textos larguísimos pero que presente problemas para resolver operaciones matemáticas sencillas.

A estos supuestos, a los que Gardner (1983) llama "Casos Savants", explican por qué una persona puede presentar altas prestaciones en ciertas inteligencias, pero tener déficits en otro tipo de inteligencias. Y no hay pocos casos en la Historia en los que grandes científicos han mostrado problemas de adaptación y/o aceptación social.

Siguiendo pues, esta teoría, se puede entender la inteligencia de una persona como el compendio de diversas inteligencias que abarcan distintos campos de dominio. Para Gardner, en concreto, existieron ocho **inteligencias múltiples** (siete hasta 1995, momento en que se acuñó la inteligencia naturalista). La inteligencia lingüística, la lógico-matemática, la corporal y cinestésica, la interpersonal, la musical, la espacial, la intrapersonal y la naturalista; conforman la multiplicidad del intelecto humano para Howard Gardner.

El desarrollo de cada de una ellas dependerá, según Gardner, de tres factores. El factor biológico, el de vida personal y factores culturales e históricos. O, en otras palabras, potenciar las inteligencias dependerá de quién y cómo seamos, de cómo vivamos o lo que hayamos experimentado anteriormente, y de nuestro entorno.

Para otros autores, mayormente detractores de este punto de vista, estas inteligencias no son más "habilidades y aptitudes" que confieren al ser humano la capacidad para diversificar su talento. Otros, como Demitrou (2011), consideran que solo existe una inteligencia y debería ser la suma de todas estas habilidades personales en su conjunto.

Para Howard Gardner, así como para otros colegas suyos como Feldman y su Teoría No Universal (1980), la educación y la escuela públicas deberían de apostar por el desarrollo de todas las inteligencias por igual, sin centrarse en unas para obviar otras. El desarrollo no sucede en todos los ámbitos intelectuales de la misma forma y con la misma proporción. De hecho, según Ferrándiz García (2005), para Gardner la conocida propuesta de Piaget para explicar el desarrollo evolutivo de la inteligencia de los niños se centra demasiado en la inteligencia lógica y matemática y desatiende al resto. Y aún así, es difícil establecer etapas de desarrollo comunes a todos los humanos. Para Gardner, cada persona tiene unos ritmos, unos intereses y muestra más dominio que otras personas en ciertas especialidades. Ateniendo a esas diferencias y a la diversidad de inteligencias, se les podría preparar para una vida adulta en una sociedad heterogénea, donde las personas destacan y son exigidas en distintas áreas. Y según ambos autores, ese guiño hacia la pluralidad del conocimiento acabaría repercutiendo en la motivación de los estudiantes, quienes devolverían ese esfuerzo a la sociedad futura.

En el supuesto de desarrollar una nueva escuela pública orientada al desarrollo múltiple, sería trabajo del profesorado encontrar nuevas vías metodológicas y evaluativas para hacer de esta idea, una realidad. Por tanto, el papel del educador/a se torna decisivo y clave en la planificación previa y análisis posterior, mientras el papel del alumno/a es más relevante durante el proceso.

Ahora bien, ¿es esta nueva forma de educación una utopía? O ¿puede funcionar? A esa misma pregunta trataron de dar respuesta entre los '80 y los '90.

Así pues, y tras las ideas iniciales que fundamentaron la Teoría de las Inteligencias Múltiples de Gardner y la Teoría No Universal de Feldman entre 1983 y 1984; ambos autores junto a otros colaboradores del estado de Massachussets (EEUU) empezaron a crear un proyecto educativo que llevase a cabo esas ideas de forma real. Se trataba de plasmar en la educación real la teorización previa. Y así fue cómo nació el **Proyecto Spectrum**.

Cronológicamente, el proyecto se desarrolló de la siguiente forma. Durante la segunda mitad de la década de los '80 se desarrollaron un método de evaluación y las guías para trabajar cada inteligencia. Este método de evaluación culminaba con la apuesta por quince *capacidades clave* que deberían terminar dominando, en mayor o menor medida. Y después de las pruebas de campo en 1989, finalmente fue aplicado en 1990 en cuatro escuelas de Boston con un total de 25 alumnos que presentaban distintos tipos de riesgo social y educativo.

El proyecto trató de alejarse del sistema educativo tradicionalista que focalizaba su atención en un currículum donde se apostaba por las lenguas y por la lógica matemática. Se trataba de adaptar el currículum a las necesidades e inquietudes del alumnado, y no al revés, siguiendo los pasos de modelos predecesores como la Escuela Montessori, la Pedagogía Waldforf o el Modelo basado en Proyectos, tan de moda en la actualidad.

Para lograrlo, el modelo de evaluación se caracterizó por individualizar el currículum, hacer partícipes a los niños y niñas en el aprendizaje (olvidando la instrucción directa) y promover la creatividad en un ambiente lleno de estímulos. Así es como aparecieron los "rincones de interés" en cada aula, que eran zonas destinadas a cada inteligencia. Además, los exámenes se realizan mientras se trabajan los contenidos, de forma que no es fin en sí mismo, sino una actividad más del proceso.

Con el paso de los cursos, la idea originaria fue cambiando en función del análisis que se iba haciendo del funcionamiento. Y es así, como esa posibilidad de adaptación facilitó que apareciesen los llamados "puentes" que permitían que la idea original se llevase a cabo de forma real. Hubo necesidad de unir los intereses personales a los grupales para dar respuesta a todo el currículum, y fue posible con puentes que unían al alumno/a con el grupo. También se crearon puentes entre la escuela y los agentes externos de la comunidad, para darle mayor implicación a la sociedad en el desarrollo formativo de sus niños y niñas. Padres y madres, inspectores/as, autoridades locales, estudiantes universitarios, empleados /as públicos, empresarios... empezaron a formar parte de la educación local.

Y así, es como aparecieron los tutores de último año en el que se preparaba a los alumnos/as para la vida laboral. Una persona externa al centro y que se dedicaba profesionalmente a un empleo concreto, tutorizaba a los alumnos/as cuyos gustos e inteligencias más destacadas estuviesen en relación con la actividad profesional del tutor/a.

Tras tres años de aplicación del Proyecto Spectrum, se analizaron con detalle las repercusiones y logros conseguidos. Según los autores del estudio, se logró:

- Mejorar la autoestima y la confianza
- Aumentar la participación en clase
- Aumentar la implicación de las familias y la comunidad
- Reducir el absentismo y la indisciplina

Tal fue el impacto que se logró con el proyecto, que más de 200 escuelas trataron, en mayor o menor medida, estudiar y/o incorporar este nuevo tipo de enseñanza a partir del modelo de la Teoría de las Inteligencias Múltiples. Pero la mayor conquista se hizo. Nivel estatal, puesto que el desarrollo de este proyecto culminó con una modificación curricular nacional a partir de las conclusiones del estudio.

En definitiva, entender la enseñanza y, sobretodo, el aprendizaje desde un punto de vista distinto y original, alejado del tradicional; ayudó a promover un gran cambio tanto a nivel pedagógico como a nivel curricular.

Un cambio que supone el cambio constante

"Innovar para promover el cambio. Cambiar para mejorar". Seguramente este mensaje lleve implícito un concreto estilo de vida y una nueva forma de entender nuestro trabajo, por el cual cuándo producimos damos prioridad a la parte creativa sobre la racional. Nuestro hemisferio cerebral derecho, responsable de la parte imaginativa, se impone al izquierdo, más deliberativo. Creemos en el cambio y en la innovación. Y en el ámbito educativo, esta filosofía de vida se convierte en una fuente inagotable de producción.

Sentir esa necesidad por la transformación permanente es, por tanto, una traza muy personal que nadie debería imponer y que, a su vez, no debe ser frenada cuando se hace realidad en una persona. Es una elección particular.

Ser innovador/a es una característica que ha acompañado al ser humano desde el primer momento de su existencia, por ejemplo, en el primer gran descubrimiento: el fuego. La innovación y las nuevas inquietudes han conducido la evolución de la especie humana desde entonces. De hecho, ya en la Grecia Clásica, los primeros filósofos helenos que estudiaron la cognición humana, como Platón o Aristóteles, acuñaron y teorizaron en torno al término *poiesis*, el cuál se usa para referirse a la necesidad intrínseca que tiene el ser humano par crear de la nada usando la imaginación.

Crear se convierte, pues, en una voluntad que satisface nuestra inquietud.

Y esta línea, recientemente, la neurociencia cognitiva se está abriendo camino para explicar, en primer lugar, el origen de esta necesidad personal por cambiar; y sobre todo, para atender a los procesos fisiológicos que suceden en la mente del que aprende.

La neurociencia, de la que incluso se considera al español Santiago Ramón y Cajal como el precursor de la misma (Duque, Ríos y Peláez, 2011); tiene como cometido explicar como el cerebro y sus células nerviosas generan conductas individuales, atendiendo al entorno y a la influencia de otros individuos (Kendel, en Escarabajal y Torres, 2004).

En la actualidad, la neurociencia y el estudio de las emociones se están comenzando a imponer en las formas de gestión y organizaciones empresariales por todo el mundo. Un buen ejemplo son las organizaciones *teal,* en las que el poder creativo humano es el gran activo de la empresa, y el propósito evolutivo de sus trabajadores/as alimenta el espíritu y el alma de la misma. Se sienten miembros partícipes, aportan y se consideran parte del negocio.

Precisamente en el ámbito educativo que nos atañe, el compendio entre la citada neurociencia, la psicología o el estudio de la conducta, y la pedagogía o el análisis de la enseñanza; da lugar a la **neuroeducación**. La neuroeducación es nueva forma de pedagogía que apuesta por la creación e innovación en todas las funciones docentes y que implica a todos los elementos del sistema educativo, tanto agentes internos (alumnos/as, profesores/as, directivos/as...) como a agentes externos (comunidad, familias, ayuntamientos...). Se trata de atender a nuestro entorno para descubrir nuevas realidades y atenderlas desde la escuela.

El entorno, el contexto y el ambiente condicionan la educación. De este modo, hay que ir evolucionando y adaptando la enseñanza a las necesidades y demandas sociales. El Dr. Francisco Mora (2017), experto y referente mundial en Neuroeducación, explica quelas civilizaciones egipcias o romanas tenían los mismos genes que los humanos de la actualidad, pero aprendieron de forma distinta debido su contexto. El entorno, su evolución y el traspaso por las generaciones configuran la Educación del momento. Por tanto, sólo si nos acercamos al mundo del/la que aprende, a su realidad, será posible conocer cómo piensan, qué les conmueve y qué les emociona. Porque el cerebro sólo aprende si hay emoción (Mora, 2017).

Y ahora es el momento de atender a una nueva cultura, a nuevos ciudadanos/as. Escucharles, para conocer sus inquietudes y adaptarlas al currículum, no hará sino más que motivarles hacia una docencia de la que se sientan protagonistas. Y si protagonizan su aprendizaje, éste perdurará en el tiempo y será significativo.

De ahí, que en la actualidad las metodologías activas tengan tanta incidencia en el panorama educativo. Porque suponen un paso hacia la participación real de quien aprende, y de este modo, serán ellos y ellas quienes asuman el rol protagonista y descubran estos nuevos caminos por sí mismos. Porque es así como los descubrimientos permanecerán más y de forma más estable.

Pero esto necesita una voluntad del profesorado para cambiar las metodologías. Ha de haber intención por innovar y adaptarse a quien aprende, y no al contrario, como se ha hecho durante tanto tiempo. Tiempo, dicho sea de paso, en el que mucha parte del profesorado no ha cambiado la forma de enseñar aunque hayan pasado décadas. Incluso hay docentes que en un mismo centro han llegado a explicar del mismo modo ciertos contenidos a padres/madres e hijos/as que han llegado al centro más de veinte años después.

Por eso, el cambio en la praxis y la forma docente lleva tiempo. Pero pensemos que sólo necesitamos un segundo para empezar a cambiar.

Tomemos por ejemplo un/a docente de pide un trabajo de búsqueda y selección de información sobre un apartado histórico de su materia. Simplemente con el cambio en el formato de entrega de este trabajo, ya estamos dando un paso hacia ese cambio, puesto que nos estaremos adaptando al alumnado y a su contexto. Así, podemos pedir el trabajo escrito a mano como hace muchos años atrás, o bien pedirlo redactado y entregado de forma electrónica, entregado a través de un canal multimedia o grabado en un podcast.

En la misma línea, el doctor en Matemáticas y Ciencia Artificial, y fundador del Proyecto Zero en la Escuela de Educación de Harvard; David Perkins (2001), defiende que la educación actual debería apostar por lo que él llama "metacurrículum". Un currículo cambiante que se amolde a las nuevas demandas y realidades sociales, siguiendo estas pautas:

1. Analizar el mundo que nos rodea
2. Saber adaptarse y ser flexibles
3. Ser creativo/a
4. Buscar y manjar la información
5. Trabajar en equipo

Son muchas las voces autorizadas y reputadas que justifican la innovación y la creatividad en el mundo de la enseñanza actual. La sociedad es volátil y avanza de forma exponencial y vertiginosa. Como profesionales de la educación, no deberíamos ser ajenos/as a ello. Por ese motivo, si en lugar de ignorar los estímulos que nos rodean somos capaces de desanclar nuestra praxis profesional, estaremos predispuestos/as al cambio.

Como dijo el Dr. en Economía Empresarial Franc Ponti en la IV Jornadas de Participación e Intercambio de la Comunidad Educativa en 2019, "la creatividad depende del entorno". Un entorno cambiante aporta nuevos estímulos, de modo que si se atiende a ellos se favorecerá la creatividad. Si, en cambio, se obvian favoreceremos el estancamiento.

Además, innovar y ser creativos/as comporta una doble motivación: para el/la propio/a docente que se sienta realizado con el vanguardismo que aplica a su docencia, y por otro lado, la implicación tanto de los alumnos/as como de sus familias. En definitiva, se trata de engancharles para engancharnos nosotros en un bucle constante (ver figura 1).

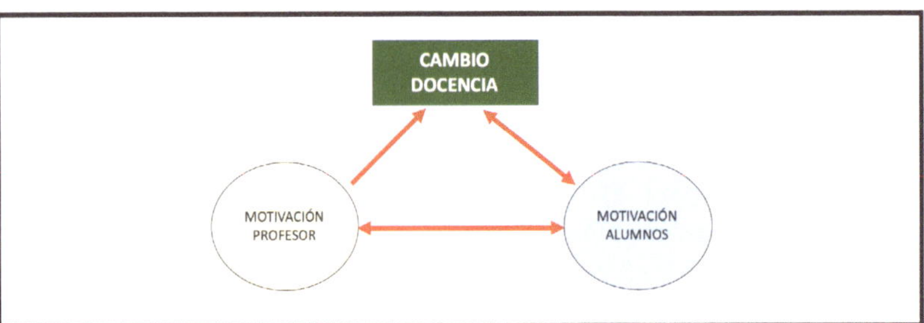

Figura 1. Incidencia de la motivación en la docencia.

Y un buen ejemplo de ello lo encontramos en la metodología basada en la gamificación que tan de moda se encuentra actualmente. Hacer uso de una película reciente, un libro actual, una serie e incluso un videojuego; para generar actividades individuales o grupales en las que se incluya un formato jugado (a modo de torneo o campeonato) y que se va incorporando a lo largo de las sesiones. Se crea, pues, un formato más atractivo que les motiva, genera emoción y les lleva a aprendizajes más intensos y significativos.

Este tipo de aprendizajes, finalmente, producen un feedback que retroalimentan al/la docente de forma gratificante.

Por tanto, no anclarse supone adaptarse al entorno cambiante, y esto, a su vez, conlleva una responsabilidad de reciclaje permanente que nos permita satisfacer la necesidad de modificar nuestro trabajo.

Cuestión de seguridad y confianza.
Para poder aceptar el cambio en la forma docente en general, y en la forma de evaluar en particular, hay que cumplir con dos premisas básicas: que legislativamente esta opción sea posible, y que sea una posibilidad ajustada a las necesidades actuales. En otras palabras, que no sea una utopía, sino que tenga cabida en la realidad de las evaluaciones y dentro de la normativa que las regula.

Para Calderón y Escalera (2008), es necesario un cambio en los sistemas tradicionales de evaluación del alumnado, a favor de sistemas de evaluación más amplios que permitan la valoración de la diversa gama de objetivos de la nueva metodología docente, no sólo de conocimientos, sino también de habilidades y actitudes. Por tanto, aquellos y aquellas docentes que decidan apostar por esta nueva forma de evaluación, han de considerar en primer lugar que se trata de un cambio sustancial que va más allá de un cambio en la forma de recopilar calificaciones.

Para ello, quizá sea mejor diferenciar los conceptos de "evaluar" y "calificar".

Cuando un/a docente recopila las notas que ha obtenido un alumno/a durante un período determinado del curso (unidad didáctica, trimestre o notal final) y las articula entre sí siguiendo un sistema de ponderación concreto, está calificando al alumno/a. Es decir, el compendio de notas obtenidas dará como resultado una nota media concreta.

Evaluar, en cambio, supone algo más que calificar. Evaluar implica poner en juego muchos elementos curriculares, así que innovar en la evaluación supondrá un cambio a gran escala. Si tradicionalmente, cuando hemos evaluado hemos medido el grado de consecución de unos objetivos preestablecidos, un cambio en la evaluación determinará el grado de consecución de otros elementos didácticos más allá del currículum. Se trata de cambiar, en definitiva, la finalidad de la evaluación.

Para Fernández (2010), la mejor forma de cambiar la forma en la que los alumnos y alumnas estudian y, por consiguiente, aprenden; es cambiar el método de evaluación. En otras palabras, si cambiamos la forma en la que evaluamos, estaremos cambiando la forma en la que aprenden.

Es decir, hay que cambiar la forma docente porque el objetivo del curso ya no será la preparación de las pruebas de evaluación ni las medias de las calificaciones. La finalidad del curso será implicar al alumnado para que aprendan por ellos mismos, para que interactúen unos con otros tanto en el proceso como en la ejecución final, para que trabajen con otros materiales, para que empleen de otra forma su tiempo o para que descubran nuevos tipos de organización y distribución con sus compañeros/as.

Si los alumnos/as perciben el cambio en la docencia por parte del profesorado, estarán predispuestos/as a ser partícipes de ese cambio. Estarán más motivados/as y eso va a repercutir en la dinámica de las sesiones. Profesores/as que innovan para que sus alumnos/as aprendan de forma distinta y alumnos/as interesados/as en aprender de forma diferente. Es un bucle que simbiótico para ambos.

Pero se trata de una ardua labor por parte del profesor/a que debe de invertir más tiempo del habitual para investigar, probar, crear... en definitiva, en innovar. Porque la evaluación por competencias no sólo va a implicar un nuevo sistema de recopilación de calificaciones y notas, sino que supone una reforma más profunda.

Así pues, para innovar en la evaluación habrá que modificar:

- Criterios de calificación, puesto que ya no se van agrupar las calificaciones en teoría, práctica y actitud. Las calificaciones de las actividades de evaluación que cree el profesor/a se agrupará en función de las competencias que trabaje cada actividad.

- Metodología. Dar un vuelco hacia el protagonismo del alumnado en su aprendizaje supone cambiar la forma didáctica. Se va a atender en mayor medida a la metodología de descubrimiento y otros estilos de enseñanza vanguardistas que rompan con las estructuras de aprendizaje anteriores. Así, los alumnos/as podrán llegar al conocimiento sin ataduras previas ni clichés pedagógicos.

- Instrumentos de evaluación. Seguramente es donde un/a docente puede imprimir en mayor medida su sello personal. Es la herramienta que culmina un trabajo innovador. Es el último de los pasos hacia el cambio: el profesor/a ha de crear nuevas formas de medición del conocimiento, que dejen de lado los instrumentos tradicionales de evaluación. Exámenes teóricos, exámenes prácticos, fichas, trabajos, exposiciones orales... son técnicas de evaluación altamente recomendables para entornos estatistas, pero quedan obsoletos si lanzamos la vista adelante. Invertir tiempo en crear nuevas formas de evaluar que integren más de una habilidad (más de una competencia) ayudará a evaluar en un sentido mucho más heterogéneo y polifacético. Y eso es lo que buscamos con la evaluación por competencias: que el alumno/a sepa integrar todos sus saberes para un fin concreto.

- Recursos materiales. Consecuentemente, necesitaremos incorporar nuevos materiales para que los alumnos/as aprendan de forma distinta. Nos movemos en una sociedad vertiginosa y las nuevas tendencias sociales crean nuevos conceptos laborales. Por consiguiente, no podemos obviarlo en los centros educativos. No tiene sentido preparar a los alumnos/as para una vida adulta en la segunda década del siglo XXI, con los mismos recursos que cuarenta años atrás. Las nuevas tecnologías tienen que ser atendidas, pero también aquellos recursos que se empleen para incorporar nuevas metodologías.

- Actividades complementarias distintas, para distinto currículum. Si las actividades complementarias sirven para ampliar el currículum que podemos desarrollar en nuestro día a día en el centro, éstas deben de escuchar las nuevas demandas que surgen en la sociedad, en el conocimiento y en el mundo laboral.

- Distribución temporal de las sesiones. Los cambios necesitan tiempo de adaptación. Las sesiones van a necesitar otra forma de organizar las actividades, y si se apuesta por darle mayor protagonismo al alumnado, consecuentemente deberemos dar más tiempo. La instrucción directa y los estilos directivos precisan menos tiempo para desarrollarlos, aunque después el conocimiento también perdurará menos en los alumnos/as.

- Organización del alumnado variante. Aprender diferente supondrá no hacerlo de forma individual solamente. Si las nuevas competencias apuestan por el trabajo en equipo, los alumnos /as deberán distribuirse en distinto número de integrantes.

En resumen, se va a precisar un cambio profundo y a gran escala. Y para ello se va a necesitar mucho tiempo y esfuerzos si queremos asentarlo en nuestro sistema educativo.

El origen de las competencias clave

El concepto *competencia* como un elemento curricular más, ha tomado en los últimos años un cáliz de importancia destacada en el mundo educativo. De hecho, está presente en las dos últimas leyes educativas nacionales. Así que para precisar este término podemos recurrir a la Orden 65/2015 del 21 de enero del Ministerio de Educación, Cultura y Deporte, la cuál define a la competencia clave como *"el saber hacer que se aplica a una diversidad de contextos académicos, sociales y profesionales, entendido como una combinación de conocimientos, capacidades o destrezas, adecuadas al contexto"*.

Con esta definición se entiende que la competencia implica no sólo el conocimiento teórico, sino la destreza práctica necesaria para su aplicación. Es decir, hablar de competencia conlleva relacionar teoría y práctica en un mismo concepto. Y esto supone ciertamente un cambio.

Pero para poder entender con exactitud la dimensión del término y la intencionalidad por la que aparece en nuestro entorno educativo, habrá que ubicar en primer lugar un primer momento en el que se originase esta evolución.

Tras la Segunda Guerra Mundial, muchos países de Europa comienzan a llegar a acuerdos básicamente de carácter económico. Así, los Tratados de Bruselas o París fueron la antesala del establecimiento en 1957 de la Comunidad Económica Europea a partir del Tratado de Roma, con Alemania, Bélgica, Francia, Italia, Luxemburgo y Países Bajos como firmantes del acuerdo.

Con Francia presentando discrepancias a lo largo de la siguiente década, se fueron creando nuevas instituciones que gobernaban la política entre los países miembros. Tales fueron los avances, y tan prósperos los resultados que, a principios de los setenta, más países solicitan formar parte de una Unión Europea que concluye la década constituyendo el Parlamento Europeo, como máximo organismo de gobierno en la Unión Europea.

Así pues, se va consolidando el sistema comunitario, el cual amplía sus horizontes más allá de preservar los intereses económicos. Desde la Unión no sólo se gestiona la economía sino también las políticas sociales, los sistemas democráticos o la educación. Todo ello bajo una intencionalidad clara: mantener la esencia de identidad de cada uno de los países miembros, pero reconociendo una realidad común entre todos ellos. Un espacio compartido por los países miembros que generó la necesidad de trabajar de forma conjunta, apostando por la globalización comunitaria. Compartir y promover acuerdos internacionales para que, en definitiva, todos los miembros se beneficiasen de esta nueva comunidad.

Se crean las primeras instituciones representativas de la Unión Europea con cometidos muy concretos, servir como sostén y referencia a todos los países. Dicho de otra forma, cada país reconocería las instituciones pertenecientes a la Unión Europea y acataría sus recomendaciones e imposiciones. Así, por ejemplo, nacieron primero el Tribunal de Justicia de la Unión Europea y el Parlamento Europeo, El Consejo de Europa tres lustros más tarde, o más recientemente, el Banco Central Europeo a finales del siglo pasado. Como se dijo anteriormente, cuando un país entraba en la Unión Europea, se comprometía a aceptar todas estas instituciones, así como las decisiones que se tomasen en ellas.

El turno de España llegó en 1987, cuando de la mano de Portugal y con Felipe González como presidente del país, España entró en la Unión Europea. Y por supuesto, aceptó acatar las instrucciones de las instituciones pertenecientes a la Unión. Entre ellas se encuentra la Organización para la Cooperación y Desarrollo Económico (OCDE), creada tres décadas antes, con el objetivo de establecer nuevas estrategias económicas y crear normas sociales y educativas para fomentar el crecimiento igualitario en el continente. Es decir, España aceptaría las recomendaciones de la Unión Europea en el ámbito educativo, a través de una institución de carácter económico y financiero.

He aquí el primero de los puntos calientes. Este ha sido, es y será uno de los puntos con mayor controversia y que provoca mayores detractores. Que una organización que vela por unos intereses puramente económicos haya de responsabilizarse de tomar decisiones tan importantes en el ámbito educativo, sin un prisma ni una orientación pedagógica. Economía versus didáctica. Y el problema no sólo es que no estén formados en materia educativa, sino que, muchas veces, unos intereses enfrentan directamente a los otros.

Hecho este inciso, retomemos la cronología anterior. En aquellos momentos en los que España entra a formar parte de la Unión Europea, en materia educativa se comienza a plantear la posibilidad de crear una red de conocimientos unificada para todos los países miembro, de modo que pudiese asegurarse una educación similar en todos los países y con las mismas posibilidades. Se trata de una iniciativa de la OCDE que acaba tomando forma en los noventa, y por la cuál se desarrolla en 1997 un sistema de evaluación común para todos los países que sirva para determinar el nivel educativo, la eficiencia de la aplicación de las recomendaciones europeas y las nuevas estrategias internas de cada país. A este programa se le llamó PISA (Programme for International Student Assesement).

Los resultados de estas pruebas de evaluación ayudarán a la OCDE a recomendar a cada país que realice modificaciones en su sistema educativo nacional, con el fin de equipararse al nivel europeo.

El problema es el trasfondo de esta iniciativa, que bajo mi punto de vista, no es mala en su concepción, pero sí en un planteamiento y en su ejecución. Los informes PISA nacieron con una intención per han ido evolucionando hacia un contexto que cada vez se aleja más de la intencionalidad para los que fueron creados. Ya no sirve saber cómo se encuentran los estados miembro en materia educativa, sino que fieles al espíritu competitivo y resultadista de los entornos económicos, se han transformado en auténticas competiciones para demostrar qué país presenta mayores niveles de formación científica, lingüística y matemática.

No se toma en consideración los factores condicionantes del país y de sus ciudadanos a la hora de realizar las pruebas, de modo que se rompe con el principio de equidad que debe imperar en este tipo de estudios. No todos somos iguales. En cambio los resultados se analizan por igual, y esto suele conllevar una lectura errónea de los resultados cruzados.

De hecho, tal es el afán por copar las primeras plazas del ránking mundial e intranacional, que se dan situaciones tan surrealistas como que en algunos países se dedique gran parte del tiempo escolar a la preparación exclusiva de estas pruebas, e incluso, que se hagan trampas. De esto sabemos bien los/las españoles/as, cuyos resultados en las pruebas de conocimiento y dominio lingüístico tuvieron que ser anulados por irregularidades manifiestas en 2019.

Pero volvamos a finales de los noventa., momento en que llegan los primeros resultados e informes de las pruebas PISA.

Con los resultados PISA sobre la mesa, el Consejo de Europa comienza a preocuparse por la formación de los futuros trabajadores europeos, de modo que en el Consejo de Europa celebrado en Lisboa en marzo del año 2000 se llegan a acuerdos relativos al ámbito educativo. Es allí, donde se acuña por primera vez el término "competencias básicas" en el sistema educativo, como un nuevo sistema de cualificaciones unificado para todos los países. Y es allí mismo donde se insta a todos los países miembro de la Unión Europea a fomentar su inclusión y desarrollo en el sistema educativo nacional. De hecho, es allí también donde se establece que estas competencias básicas deben de girar textualmente en torno a la *"materia de TIC, idiomas extranjeros, cultura tecnológica, espíritu empresarial y habilidades para la socialización"*.

Hay que señalar que estas propuestas quedan enmarcadas en el contexto de una sesión del Consejo de Europa, cuyo pretexto y finalidad "reforzar el empleo, la reforma económica y la cohesión social como parte de una economía basada en el conocimiento". Es decir, de nuevo, son medidas que afectarían a la educación, pero que las promueve bajo fines económicos.

En los sucesivos Consejos de Europa en Estocolmo (2001) y Barcelona (2002), se vuelve a incidir en el desarrollo de las competencias y se establecen objetivos futuros con el programa "Educación y formación 2010", por el cuál se pretendía introducir ciertos cambios educativos en los países miembros.

Y para que se hiciesen efectivos estos cambios en el planteamiento educativo del continente, la OCDE decide crear en 2003 el Proyecto DeSeCo (Definición y Selección de las Competencias), cuyo *leitmotiv* será hacer realidad un espacio europeo de aprendizaje permanente y conjunto. Este nuevo organismo matizará las propuestas y asesorará a los gobiernos que apuesten por incluir en sus sistemas educativos el enfoque de las competencias básicas, a las que distribuye en ocho:

- Lingüística
- Interacción con el mundo físico
- Matemática
- Digital
- Social y ciudadana
- Cultural y artística
- Aprender a aprender
- Autonomía e iniciativa personal

Ocho tipos de aprendizaje que los y las estudiantes deberán haber conseguido al finalizar las etapas de escolarización obligatoria de los respectivos países.

Ocho campos de conocimiento que se parecen en gran medida a las inteligencias que propuso Howard Gardner en los años '70, y que nadie, en cambio, se molestó en consultar previamente. Y son ocho ámbitos de aplicación que se deben de potenciar desde todas las materias del currículo para preparar unos niños/as y adolescentes para la futura vida adulta en nuestra sociedad.

Con todo ello, y a partir de 2004, los países miembros de la Unión Europea comienzan a incorporar de forma fehaciente las competencias básicas a sus sistemas educativos. En España llegará en 2006, con la Ley Orgánica de Educación, que incluye por primera vez en un texto legislativo educativo en nuestro país, el concepto de las competencias.

Ese mismo año, se publica en el Diario oficial de la Unión Europea la **Recomendación 2006/962/EC del Parlamento Europeo y del Consejo,** en el que se hace un pequeño repaso de las medidas propuestas desde el año

2000 hasta ese momento y se recomienda a los países de la Unión Europea que desarrollen "la oferta de las competencias clave para todos en el contexto de las estrategias de aprendizaje permanente. Es decir, que las competencias básicas de 2000 mutan de forma conceptual levemente hacia las competencias clave en 2006. Y a tal efecto, se anexa en el mismo documento un Marco de Referencia Europeo para desarrollar las citadas competencias clave en los sistemas educativos, a modo de guía didáctica muy genérica.

La única diferencia entre lo que se propone como competencias básicas y las competencias clave, radica en la conversión de una competencia. La competencia básica "Interacción con el mundo físico" se convierte en "comunicación en lenguas extranjeras" clave. Es decir, interactuar con el mundo físico se comienza a interpretar como moverse por diferentes lugares del mundo, para lo que se supone imprescindible dominar lenguas extranjeras.

Con estas recomendaciones, en 2012 el Proyecto DeSeCo estandariza cada competencia clave y las desarrolla para que puedan ser asumidas e incluidas por los sistemas educativos de cada país. Con este cambio se pretende incidir en tres dimensiones: que los alumnos/as sepan usar herramientas como el lenguaje o las nuevas tecnologías de forma interactiva; que puedan actuar de forma autónoma; y que sepan interactuar en grupos heterogéneos.

Y, consecuentemente, en España, con la llegada de la Ley Orgánica para la mejora de la Calidad Educativa (LOMCE) a finales de 2103, las competencias clave se integran en nuestro sistema educativo. Con un pequeño matiz, las dos competencias en comunicación lingüística se integran en una misma, de modo que las ocho competencias clave que hay en toda la Unión Europea, en España son sólo siete.

La competencia en lengua extranjera no aparece en nuestro currículum, a diferencia del resto de Europa. Y muchas voces apuntan a que hasta que no sea obligatoria una prueba de idioma extranjero en las pruebas PISA, que puede llegar en tres o cuatro años, no aparecerá como tal en el currículum educativo español. Mientras tanto, se va potenciando nuestro nivel de inglés con una mayor inversión en horas lectivas, en profesorado, en programas formativos y de intercambio, en recursos y en metodologías. Para que cuando llegue el momento, demos buen resultado en las pruebas PISA.

De entre los/las mayores detractores/as de las competencias establecidas, se encuentran aquellos/as que consideran, sin embargo, que cada competencia se debe asociar a solo una o un con junto de materias curriculares. Es decir, que ciertas asignaturas sean las responsables de desarrollar una competencia, mientras el resto se aborda desde otras asignaturas. Y el ejemplo más claro lo encontramos en quienes consideran que existe una competencia olvidada de entre las mencionadas: la competencia motriz.

Es cierto que es necesaria, y es cierto que falta entre esas competencias básicas (ahora llamadas clave). El cuerpo, el movimiento y su funcionalidad son determinantes para todos los aspectos cotidianos, laborales y domésticos, sin excepción alguna. Y la adquisición de esa competencia motora debiera ser esencial. La competencia de interacción con el mundo físico podría referirse en parte a ello, pero no parece atenderla de forma completa y amplia (Méndez, López-Téllez y Sierra, 2009).

Pero no deberían de ser los y las profesionales de la Educación Física quienes la reclamen esta competencia corporal como algo propio de su materia o junto con otras asignaturas expresivo-musicales. Las competencias presentan una visión de transversalidad en la formación, de modo que la mencionada y olvidada "competencia corporal" debería ser incluida para ser abordada desde todas las materias del currículum (Pérez-Pueyo, García, Hortigüela, Aznar y Vidal, 2016).

Otro tema, que nos podría llevar horas y horas de especulación, sería opinar del por qué DeSECo no considera que la citada competencia corporal deba de ser incluida entre las seleccionadas. La razón, a mi entender y estudiando cómo toman decisiones y se refuerzan posturas en los últimos años, tiene que ver con la visión que tienen sobre jerarquía piramidal que hay en la relación: formación/puestos de responsabilidad, por la cuál los puestos más altos de la economía los ocupan personas con formación académica más desarrollada que, por ejemplo, la mano de obra que ocupa los estratos inferiores. A medida que bajamos en puestos de responsabilidad, la formación de quiénes los ocupan baja y entra en juego el trabajo físico en lugar del intelectual. Es decir, que quienes más se mueven y más utilizan su cuerpo para trabajar y aportar a la economía mundial suelen ser aquellos/as que ocupan los trabajos con menor gradación. En otras palabras: mejor invertir en la formación de los que van a dirigir la economía el día de mañana.

De todos modos, hay que recordar que el establecimiento de las competencias no es inamovible, sino que puede evolucionar con los nuevos escenarios que se presentan. Y quizá, en un futuro, ésta u otras que ahora no somos capaces de vislumbrar se definen e incluyen en los sistemas educativos.

A modo de conclusión hay que señalar de nuevo que las competencias clave, con independencia de que nos gusten o no, haya más o menos detractores/as y/o defensores/as; han venido para quedarse. Es un acuerdo europeo y como tal, debe estar presente en las leyes educativas de los países miembro, por muchos cambios o reformas educativas que se quieran hacer. Así que hay que aceptarlas.

Por ese motivo, y ya que quienes las estipulan y deciden ni tienen una visión pedagógica ni parece que tengan los mismos intereses que los y las profesionales que nos dedicamos a la docencia; tenemos ante nosotros/as la posibilidad de darles la connotación didáctica que realmente consideramos a las competencias. Aportar nuestra formación para adaptarnos y hacerlas una realidad en las aulas.

Apostar por ellas desde nuestro trabajo.

Tetraedro pedagógico

Los tres elementos observados y descritos con anterioridad suponen tres realidades inconexas, aunque compartan algún rasgo en común. La Teoría de las Inteligencias Múltiples de Gardner, la aparición y desarrollo de las competencias en la educación y las nuevas pedagogías basadas en la neurociencia; han surgido con independencia las unas de las otras, representando tres realidades actuales en la docencia en no sólo en España, sino en Europa.

Se trata de tres pretextos con tendencias ideológicas e intenciones concretas, basadas en:

- Focalizar la atención del aprendizaje sobre los alumnos/as, entendidos estos como seres de múltiples inteligencias y habilidades. Por consiguiente, personas con diversas posibilidades.
- Estudiar la mente de los y las que aprenden, de modo que se precise un cambio en la forma de enseñar.
- Apostar claramente por la preparación de personas más preparadas para la futura vida social y laboral.

Por separado son tres tendencias educativas que plantean adaptaciones vanguardistas. Sin embrago, suponen tres espacios de actuación que no guardan entre sí ninguna relación ni en su intención ni en la forma en la que se originaron. De hecho, ni si quiera se originaron de forma conjunta sino que han ido moldeándose con los pasos de los años y en distintas épocas. Sin tocarse ni condicionarse.

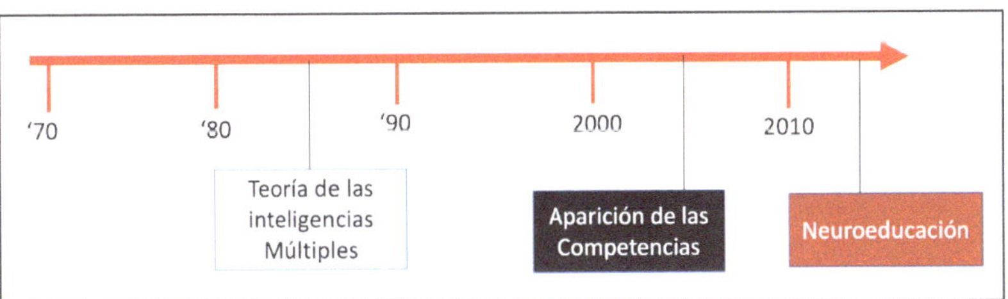

Figura 2. Línea temporal y aparición de nuevas tendencias pedagógicas.

Atender a una de ellas supone modificar la forma docente tradicionalista. Es decir, si un profesor/a decide incluir en su didáctica alguna traza característica de una de estas tres realidades mutará su docencia hacia algo novedoso. Pero, ¿y si pudiésemos incorporar las tres a nuestra docencia, al mismo tiempo?

Se trata de un reto. Una posibilidad única de hacerlas interactuar entre sí en el ámbito educativo actual. La situación de la docencia en la actualidad permite que integremos estas tres realidades en un mismo proyecto, que recoja la esencia de todas ellas y que, en definitiva, mejore la calidad de una enseñanza que lo precisa en este momento. Es decir, se ha generado una oportunidad única para romper el estatismo de nuestra escuela y promover el cambio.

Y la llave que lo hace posible es el profesorado. Los profesores, profesoras, maestros y maestras que estén dispuestos al reciclaje, a la renovación e innovación. Para ellos la responsabilidad de aceptar el reto y apostar por la creatividad. Somos el eje sobre el que vertebrar estas tres dimensiones. Somos los protagonistas del cambio. Somos quienes hemos de tomar la decisión de llevarlo a la práctica y hacerlo con total convencimiento. Sabiendo que cumplimos con la ley pero, sobre todo, convencidos/as de que ayudaremos a mejorar la calidad de la enseñanza.

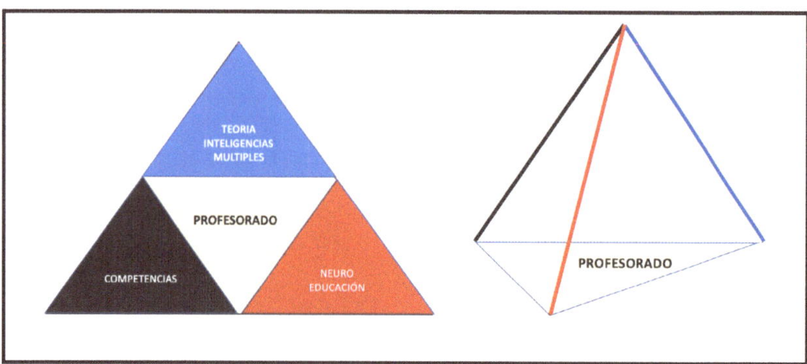

Figura 3. Tetraedro Pedagógico.

Es el profesorado quien articulará todas las propuestas anteriores, apostando por un tipo de docencia en el que se integren las competencias clave, donde se entienda que nuestros/as alumnos/as tienen una mente plural que permite aprender a diferentes ritmos, y donde se apueste por un cambio metodológico por el que el protagonista del aprendizaje sea el propio alumnado.

Para ello, la evaluación por competencias será la herramienta que necesitamos.

Empecemos con el primer paso. Echemos a andar.

La evaluación por competencias: la normativa vigente

No podemos evaluar a alumnos del siglo XXI con fórmulas creadas hace cinco décadas. Hemos de favorecer un cambio.

Para poder llevar a cabo la evaluación del alumnado a través de las competencias clave que determina la Unión Europea para los sistemas educativos del continente, existen distintas vías o formas. Y para saber si son o no correctas y adecuadas, simplemente hemos de atender a los textos legislativos en materia educativa que se refieren al proceso de evaluación.

Si cumplen con lo que se dictamina en las mencionadas leyes, estaremos llevando a cabo una evaluación correcta. Nada que no contravenga lo que se dice en las leyes será ilegal. Solo así, con la ley como respaldo, nuestra propuesta tendrá respecto y aceptación.

Y para ello, muchas veces hemos de salir de los encasillamientos tradicionalistas que incluyen las programaciones didácticas. Hemos de estar atentos y dispuestos al cambio en la forma de evaluar, aunque eso muchas veces vaya a suponer ir en direcciones distintas a las que habitualmente hemos transitado. Dejar de hacer cosas que se han estado haciendo de forma sistemática porque nadie se ha planteado cambiarlas, sean cuales sean los motivos; es el primer paso para poder evaluar por competencias. Sin dogmas ni herencias de ningún tipo. Atendiendo en todo momento a la ley educativa actual y al contexto real y contemporáneo de la educación.

Por tanto, y puesto que de poco nos va a servir la experiencia previa en temas de evaluación, sólo podemos guiarnos por la ley educativa. Es momento, pues, de saber qué se dice en los decretos, reales decretos, órdenes y leyes actuales al respecto de la evaluación.

Las propuestas y recomendaciones que la OCDE lanza a los países miembro, han de traducirse posteriormente en leyes educativas aplicables en cada estado. Por tanto, no han de ser los mismos textos legislativos aunque vayan en la misma dirección. De hecho, en España, incluso las leyes orgánicas educativas nacionales y todos los reales decretos que subyacen de su aplicación práctica, habrán de traducirse muchas veces a decretos y órdenes autonómicas que atiendan de forma más particular a las realidades de la región en concreto.

Por ese mismo motivo, podemos encontrar distintas regulaciones educativas en función de la autonomía, aunque todas ellas vayan en consonancia con la Ley Orgánica en cuestión o con las recomendaciones europeas al respecto. Pueden repetir ideas, intenciones y objetivos. Incluso pueden especificarlos o ampliarlos. Pero nunca podrán contravenir las indicaciones que propongan las leyes que, jerárquicamente, se encuentran por encima de ellas.

A nivel nacional, podemos encontrar diferentes textos normativos que relacionan la educación, la evaluación y las competencias clave que nos atañen.

Orden ECI/1845/2007 del 19 de julio, del Ministerio de Educación, Cultura y Deporte.
En la que se aportan documentos relacionados con la evaluación en los centros. En relación a la forma de evaluar, no aporta ninguna información relevante.

Orden ECD/65/2015 del 21 de enero, del Ministerio de Educación, Cultura y Deporte. Dónde se describen las relaciones entre los elementos curriculares, estos son competencias, contenidos y criterios de evaluación tanto de la educación secundaria como de bachillerato. Es decir, nos explica qué y cómo interpretar todos los elementos curriculares, entre los que se encuentran las competencias clave.

Por tanto, si queremos llevar a cabo una evaluación por competencias, esta Orden ECD/65/2015 del 21 de enero, del Ministerio de Educación, Cultura y Deporte; nos puede ayudar a hacer interactuar en la evaluación todos los elementos curriculares implicados en la misma. Y apuesta claramente por una evaluación competencial, puesto que en su artículo 4 dice textualmente: "La relación de las competencias clave con los objetivos de las etapas educativas hace necesario diseñar estrategias para promover y evaluar las competencias desde las etapas educativas iniciales e intermedias hasta su posterior consolidación en etapas superiores".

En esta misma Orden se incorpora un concepto específico para la evaluación por competencias, el "perfil de competencia" (Artículo 5) que se define como la unión de todos aquellos estándares de aprendizaje evaluables (indicadores de logro en la Comunitat Valenciana) que desarrollan una competencia en concreto. Es decir, que si juntamos todos los estándares que tratan una competencia en cuestión, logramos crear un perfil competencia.

Además, es esta Orden dónde se fomenta el uso de metodologías de aprendizaje significativo para el alumnado, como la resolución de problemas, para evaluar las competencias clave (Artículo 7).

Real Decreto 310/2016 del 29 de julio, del Ministerio de Educación, Cultura y Deporte. Modifica parcialmente el texto anterior y añade en su capítulo II – Artículo 12 "el objetivo de la evaluación en ESO ha de ser la de verificar la adquisición de los objetivos y el grado de consecución de las competencias". Y añade, además, que "las pruebas de las evaluaciones finales evaluarán las competencias".

Real Decreto 562/2017 del 02 de junio, del Ministerio de Educación, Cultura y Deporte. En el que se establecen los condicionantes para la obtención de los títulos de secundaria y bachillerato, y dónde se cita que para ello, siempre será necesario que el equipo educativo considere que un alumno ha cumplido con los objetivos y ha adquirido las competencias clave.

Por otro lado, hay que repasar qué se establece en la ley educativa autonómica correspondiente, que a pesar que nunca contravendrá las leyes nacionales, puede presentar especificaciones concretas para su aplicación regional. En este caso, nos hemos fijado en las leyes de la Comunitat Valenciana.

Con un barrido rápido por la plataforma web de la Conselleria d'Educació, podemos comprobar que existen distinta normativa que se refiere a la evaluación en mayor o menor medida. Así pues, encontramos:

- *Resolución del 05 de marzo de 2008 de la Dirección General de Ordenación y Centro Docentes*, que aporta documentación básica para las evaluaciones y ciertos trámites de expedientes.

- *Orden 32/2011 del 20 de diciembre, de la Conselleria d'Educació*; en la que se desarrolla el derecho al alumnado a la objetividad en la evaluación y especifica las formas de reclamación en las mismas.

- *Decreto 87/2015 del 05 de junio, por el que se establece el currículum de ESO y de Bachillerato en la Comunitat Valenciana*; y que trata la evaluación de forma muy básica y sin demasiada profundidad.

- *Orden 38/2017 del 04 de octubre de la Conselleria d'Educació para la educación secundaria*, que se crea íntegra y exclusivamente para regular, detallar, y normativizar las evaluaciones. Se trata del documento más extenso e importante de la evaluación, y debe ser, por tanto, el texto que se tenga presente cuando se evalúa y cuando se crean nuevos caminos para evaluar.

A lo largo de toda esta última Orden 38/2017 del 4 de octubre de la Conselleria d'Educació, se hace hincapié en la necesidad de atender al grado de consecución de los objetivos establecidos para cada etapa educativa, y atender del mismo modo al grado de adquisición de las competencias clave a través de la medición de los contenidos teóricos, prácticos y actitudinales que se incluyen en la etapa educativa en cuestión. Y hay que hacerlo en todas las evaluaciones del curso. (Capítulo I, Artículo 4).

Además, se especifica que en la evaluación todas las materias han de referirse al grado de adquisición de las competencias (Capítulo II, Artículo 8), que se debería de atender al grado de dominio alcanzado en las mismas para decidir en casos concretos de promoción (Capítulo II, Artículo 10) e incluso en las decisiones para la obtención del título de ESO (Capítulo II, Artículo 15).

La evaluación por competencias: cómo hacerla paso a paso

Manuel Laureda García

Una vez hemos comprobado que la ley educativa actual fomenta la evaluación por competencias en todas las etapas de la educación secundaria, hemos de proceder a explicar cada paso. El objetivo último siempre ha de ser, como se cita en las normativas de evaluación, emitir una calificación numérica del 1 al 10 que refleje con la mayor justicia posible el nivel demostrado por el alumnado en el trimestre (o curso) en cuestión.

Para hacerlo, debemos también explicar de forma breve todos los elementos curriculares que se van a articular en este sistema.

Objetivos

Son los logros que el alumnado ha de adquirir al finalizar el proceso educativo, como resultado de las experiencias de enseñanza-aprendizaje intencionalmente planificadas a tal fin.

Quedan establecidos en los respectivos Reales Decretos numerados con letras, son comunes para todas las materias y deben alcanzarse al finalizar las etapas educativas, es decir, primaria tiene catorce objetivos y son distintos a los doce de la etapa de secundaria y bachillerato.

Contenidos

Conjunto de conocimientos que se ordenan en asignaturas y cursos. Son habilidades, destrezas y actitudes que contribuyen al logro de los objetivos de cada enseñanza y etapa educativa, y a la adquisición de las competencias. Cada materia divide los contenidos por bloques temáticos dentro de la propia especificidad de la asignatura, y con la Ley LOMCE, aparecen descritos los "contenidos transversales" como aquellos a los que todas las materias han de atender en su docencia porque son comunes dado su naturaleza. En aquellas asignaturas en las que no hay un bloque de contenidos nombrado como tal, podremos encontrar estos contenidos (con gran afectación sobre las competencias lingüística, digital y social) inmersos en otros bloques de la materia.

Criterios de Evaluación.

Son el referente específico para poder evaluar el aprendizaje del alumnado. Describen aquello que quiere valorarse y que el alumnado ha de conseguir, tanto en conocimientos como en competencias. Cada criterio está asociado en el currículum a unos contenidos que versan sobre la misma temática, y a través de los cuáles se puede alcanzar el aprendizaje que describe el criterio de evaluación.

En la Comunitat Valenciana, aquellas materias que no disponen de documento puente, pueden observar la relación entre los criterios y las competencias clave en el Decreto 87/2015 del 5 de junio del Consell, por el que se establece y desarrolla el currículum de ESO y bachillerato, y en el Decreto 108/2014 del 4 de julio del Consell, para primaria.

Tanto a nivel nacional como a nivel autonómico, los criterios de evaluación pueden ser concretados todavía en otro nivel para facilitar la observación y tratamiento por parte de los/las docentes. Ese siguiente nivel se define como "estándares de aprendizaje".

Estándares de Aprendizaje.
Son los elementos curriculares que concretan aquello que el alumnado ha de saber, comprender y saber hacer en cada asignatura. Son especificaciones de los criterios de evaluación que permiten definir los resultados de aprendizaje y que han de ser observables, medibles y evaluables. Además, han de permitir graduar el rendimiento o logro conseguido. Su diseño ha de contribuir y facilitar el diseño de las pruebas estandarizadas y comparables.

En el Real Decreto 1105/2014 del 26 de diciembre, por el que se establece el currículo básico de Secundaria y Bachillerato; todas las materias y niveles entre 1ESO y 2º Bachillerato, tienen relacionados los contenidos, con los criterios de evaluación y los estándares de aprendizaje, en los anexos del citado texto. De forma que serán los estándares de aprendizaje los elementos curriculares con los que deberíamos relacionar las competencias clave.

Indicadores de Logro
En la Comunitat Valenciana, se ha creado este elemento curricular como máxima concreción del currículum, y que sustituye a los estándares de aprendizaje del Real Decreto. Se trata de aplicar los estándares nacionales, con mayor precisión a la realidad autonómica de la educación. Y para no

contravenir nunca a lo que se dictamina en el currículum nacional, éstos indicadores han de nacer siempre a partir los estándares y hacer referencia a los mismos. Y es así como aparece expresado en el Documento Puente, único texto en el que se desarrollan los indicadores de logro y dónde se especifica la relación entre los ellos y las competencias clave, asignándolas en función de la naturaleza del indicador de logro. Y esto se respeta tanto en el Documento Puente de Secundaria como para el de Primaria, de modo que la siguiente forma de evaluar por competencias que se va describir, es válida para ambas etapas educativas en la Comunitat Valenciana.

Por tanto, se abren nuevos escenarios para el profesorado que quiera evaluar por competencias clave, sin Documento Puente, bien por ser de otra comunidad autónoma, bien siendo alguna de las materias de ESO o cualquier de bachillerato, de la Comunitat Valenciana que no disponen de Documento Puente.

Materias sin documento puente y Evaluación por Competencias en otras comunidades autónomas.

Son algunas materias del currículum de Secundaria y todas las materias de bachillerato; y para los y las docentes que quieran aplicar este sistema de evaluación por competencias fuera de la Comunitat Valenciana, se debe hacer una pequeña adaptación.

Para las materias de la Comunitat Valenciana sin documento Puente, las competencias clave se relacionan con los criterios de evaluación en el Decreto 87/2015, ya que en este Decreto no existen los indicadores de logro. Por tanto, hemos de relacionar a estos criterios de evaluación del Decreto Autonómico con los estándares del Real Decreto 1105/2014 de 26 de diciembre para lograr ese nivel de concreción curricular. Supone un mayor trabajo para el docente, pero permite atender al trabajo competencial con mayor precisión que hacerlo desde los criterios y sin indicadores de logro. Otra opción sería que le docente crease sus propios indicadores de logro para cada criterio de evaluación, de forma que después se asignen a estos nuevos indicadores de logro las competencias que los criterios tienen asignadas ya en el Decreto 87/2015 de 5 de junio.

Materias de la Comunitat Valenciana sin Documento Puente					
Elemento Curricular	Contenidos	Criterios de evaluación	Competencias Clave	Indicadores de logro	Estándares de Aprendizaje
¿Dónde se encuentra?	Decreto Autonómico.	Decreto Autonómico.	Decreto Autonómico.	No tienen.	Real Decreto Nacional.
¿Con qué otros elementos tienen relación?	Se relacionan con los criterios de evaluación	Se relacionan directamente con los contenidos anteriores y, además, tienen asignadas unas competencias clave	Están asignadas a los criterios de Evaluación	Ninguno.	En el Real Decreto no aparecen los mismos contenidos y criterios de evaluación, aunque son muy similares.
¿Qué hacer con él?	Usarlos como base.	Respetar la relación con los contenidos y las competencias	Respetar la relación con los criterios de evaluación.	Los sustituiremos por los estándares de aprendizaje.	Hemos de relacionar los estándares nacionales a los criterios autonómicos. Después, a cada estándar le asociamos las competencias que el criterio tiene en el Decreto Autonómico

Tabla 1. Elementos curriculares y su relación.

Para los y las docentes que trabajan en otras comunidades autónomas, se presentan posibilidades diferentes.

Por un lado, es muy probable que la comunidad autónoma en cuestión tenga un decreto autonómico propio. Ese será el texto que hay que aplicar, de modo que hemos de observar el nivel de concreción curricular existente: que haya contenidos y que esos contenidos tengan asociados criterios de evaluación. Veamos que opciones hay:

- Que las competencias clave estén asociadas a los criterios de evaluación porque no hay otro nivel de concreción curricular (a modo de estándares de aprendizaje o de indicadores de logro). En ese caso, habrá que tomar los estándares de aprendizaje del Real Decreto y asociarlos manualmente a los criterios de evaluación del decreto autonómico. Después, hay que relacionar las competencias clave que tienen los criterios de evaluación, a los estándares que hemos dispuesto. Después seguiremos esta misma propuesta, sustituyendo los indicadores de logro por los estándares de aprendizaje.

- Que las competencias clave estén asociadas a un nivel de concreción mayor que los criterios de evaluación (a modo de estándares de aprendizaje o de indicadores de logro). En este caso, seguiremos el mismo sistema que exponemos pero sustituyendo el concepto de indicadores de logro por el nombre que reciba ese nivel de concreción curricular autonómico.

Sea cual sea la opción, sigamos el siguiente esquema para trazar la concreción curricular deseada y asociar las competencias clave.

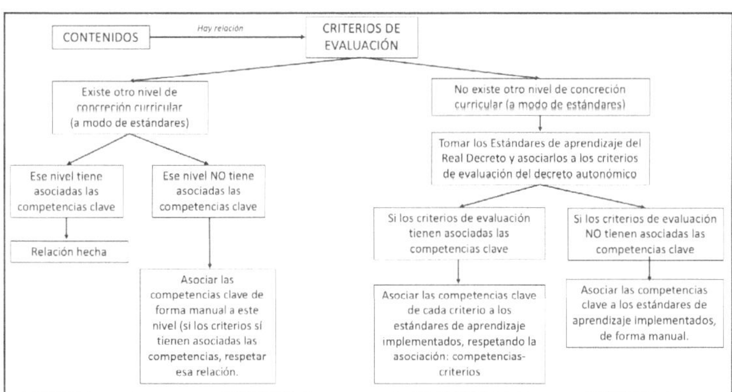

Figura 4. Asignación de las competencias clave al nivel de concreción curricular máximo en otras comunidades autónomas con decreto autonómico que desarrolla el currículum

Por otro lado, en caso de que la Comunidad Autónoma no disponga de Decreto Autonómico que regule el currículum, hemos de acogernos a lo que establece el Real Decreto 1105/2014 de 26 de diciembre. La única tarea que ha de hacer el profesor/a es asociar manualmente las competencias clave a los estándares, atendiendo a la definición y la esencia de cada competencia clave, y analizando detenidamente la naturaleza de cada estándar de aprendizaje. Hecho esto, el sistema para llevar a cabo la evaluación por competencias es el mismo que se detalla aquí, sustituyendo los indicadores de logro por los estándares de aprendizaje.

Otras comunidades autónomas sin Decreto Autonómico				
Elemento Curricular	Contenidos	Criterios de evaluación	Estándares de Aprendizaje	Competencias Clave
¿Dónde se encuentra?	Real Decreto Nacional.	Real Decreto Nacional.	Real Decreto Nacional.	Definidas en el Real Decreto Nacional.
¿Con qué otros elementos están relacionados	Se relacionan con los criterios de evaluación	Se relacionan con los contenidos y con los estándares de aprendizaje	Con los criterios de evaluación	Con ninguno.
¿Qué hacer con él?	Usarlos como base.	Respetar la relación con los contenidos y los estándares de aprendizaje	Hemos de relacionarlos manualmente con las competencias clave	Hemos de relacionarlas manualmente con los estándares de aprendizaje.

Tabla 2. Elementos curriculares y su relación, en otras comunidades autónomas sin decreto autonómico que desarrolle el currículum.

Aclarados ya los conceptos curriculares básicos y esenciales, pasemos a la acción.

Vamos a exponer una posibilidad para ejercer una evaluación competencial acorde con la ley educativa, nacional y autonómica, con el máximo nivel de concreción curricular, a partir de los indicadores de logro (estándares de aprendizaje para los otros casos).

Y partiremos desde la premisa de que los/las docentes ya tienen previsto llevar unas actividades de evaluación concretas. Supondremos, por tanto, que a pesar de cambiar la forma de evaluación y, en definitiva sus actividades de evaluación, van a ser las mismas que usaban con antiguos métodos de evaluación.

Evaluación por competencias atendiendo a la concreción curricular.

En la evaluación del primer, del segundo o tercer trimestre, y considerando que nos basamos en el principio de la evaluación continua, el procedimiento ha de ser el mismo en todas ellas. La única diferencia es que en la evaluación del segundo trimestre se recogerán las notas de la primera y de la segunda evaluación, y en la evaluación del tercer trimestre se recogerán todas las calificaciones del curso (desde septiembre hasta junio).

Paso 1.

En primer lugar, se han de anotar todas las actividades de evaluación que se hacen en el trimestre en cuestión. Esto es, reflejar todas aquellas calificaciones que se obtengan del alumnado desde una fecha a otra concreta. En el caso de la primera evaluación, esto supondría recoger las calificaciones desde que comienza el curso hasta el día de las evaluaciones del grupo.

Las calificaciones recogidas ya no serán aglutinadas en función del carácter conceptual, procedimental o actitudinal de los contenidos a los que se refiera el instrumento en cuestión. Es decir, ya no obtendremos notas teóricas, prácticas, actitudinales ni notas por unidad didáctica o tema.

Todas han de ser recogidas en un mismo acto evaluativo para resultar, finalmente, en calificaciones competenciales.

Unidades Didácticas	Actividades de Evaluación
Calentamiento	• Ficha de ejercicios generales de calentamiento • Diseño calentamiento específico • Exposición de calentamiento
Condición física	• Examen teórico • Trabajo grupal con aplicación informática • Diseño circuito de fuerza con auto-cargas
Alimentación	• Elaboración póster • Elaboración dieta de tres días • Ficha sistemas energéticos

Tabla 3. Ejemplo de actividades de evaluación en unidades de la primera evaluación.

Paso 2.

Las actividades de evaluación se anotan en una tabla donde se van a relacionar con los criterios de evaluación, y éstos a su vez con las competencias que desarrollan, acogiéndonos a lo que se establece en el currículum autonómico en el Decreto 87/2015 del Consell para secundaria y bachillerato.

Es decir, atendiendo a las características del instrumento de evaluación, así como al bloque de contenidos a los que se refiere, podemos ubicar cada instrumento dentro del currículum. Así, será sencillo saber qué criterios son los que se van a evaluar con esta actividad de evaluación.

Aunque cabe señalar de nuevo en este punto que, en realidad, el/la docente debería actuar de forma inversa. Es decir, en función del criterio de evaluación que nos interese, deberíamos crear instrumentos y actividades diversos, amplios y creativos.

En la columna "criterios de evaluación" hemos de añadir todos los criterios a los que dé respuesta la actividad de evaluación. Es muy probable que una misma actividad recoja varios criterios al mismo tiempo, y de hecho es altamente interesante que así sea.

Por ejemplo, cuando un alumno/a elabora un trabajo escrito sobre algún contenido, y además busca información en la red, hemos de valorar los criterios de:

- El bloque de contenidos específico sobre los que versa el trabajo
- Del bloque transversal, búsqueda y tratamiento de información en páginas web
- Del bloque transversal, sobre la elaboración de textos escritos.

Por tanto, esta actividad de evaluación, tendría, como mínimo, tres criterios distintos a los que atender y evaluar.

<table>
<tr><th>Unidades Didácticas</th><th>Actividades de Evaluación</th><th>Criterios de Evaluación</th></tr>
<tr><td rowspan="5">Calentamiento</td><td rowspan="2">Ficha de ejercicios generales de calentamiento</td><td>1.3</td></tr>
<tr><td>4.5</td></tr>
<tr><td>Diseño calentamiento específico</td><td>1.3</td></tr>
<tr><td rowspan="2">Exposición de calentamiento</td><td>1.3</td></tr>
<tr><td>4.3</td></tr>
<tr><td rowspan="6">Condición Física</td><td rowspan="3">Examen teórico escrito</td><td>1.1</td></tr>
<tr><td>1.4</td></tr>
<tr><td>4.7</td></tr>
<tr><td>Trabajo grupal con aplicación informática</td><td>1.2</td></tr>
<tr><td rowspan="2">Diseño circuito de fuerza con auto-cargas</td><td>1.2</td></tr>
<tr><td>4.5</td></tr>
<tr><td rowspan="5">Alimentación</td><td>Elaboración póster</td><td>1.4</td></tr>
<tr><td rowspan="2">Elaboración dieta de tres días</td><td>1.1</td></tr>
<tr><td>4.5</td></tr>
<tr><td rowspan="2">Ficha sistemas energéticos</td><td>1.1</td></tr>
<tr><td>4.5</td></tr>
</table>

Tabla 4. Ejemplo de relación entre las actividades de evaluación con unidades de la primera evaluación y los criterios de evaluación a los que dan respuesta.

*En la Hoja de Control o Registro Diario, se tiene en consideración conductas que no aparecen descritas en los Criterios de Evaluación ni del Real Decreto nacional ni del Decreto autonómico. (Ver paso 4)

Paso 3.

Después de relacionar los criterios de evaluación con las actividades de evaluación, hay que determinar qué indicadores de logro son los que, en realidad, se van a valorar en cada actividad de evaluación. Es decir, de todos los indicadores (o estándares de aprendizaje para materias sin documento puente) que tiene asociados cada criterio, hay que valorar a cuáles atiende cada actividad de evaluación, dado que no siempre se trabajan todos al mismo tiempo.

Al haber conseguido un siguiente nivel de concreción curricular, los indicadores o estándares nos permiten discernir en cada actividad evaluativa, aquellos que serán puestos en liza de los que no. En otras palabras, vamos a determinar qué parte del criterio se trabaja y cual no.

Así pues, hemos de acudir de nuevo al Decreto autonómico 87/2015 o al Real Decreto nacional 1105/2014 para hacer el cribado, analizando cada actividad de evaluación, y anotarlos junto al criterio del que provienen.

Unidades Didácticas	**Actividades de Evaluación**	**Criterios de Evaluación**	**Indicadores de Logro**
Calentamiento	Ficha de ejercicios generales de calentamiento	1.3	1.3.1
			1.3.2
		4.5	4.5.1
			4.5.2
	Diseño calentamiento específico	1.3	1.3.1
	Exposición de calentamiento	1.3	1.3.2
		4.3	4.3.1
			4.3.2
			4.3.3

Condición física	Examen teórico escrito	1.1	1.1.1
			1.1.2
		1.4	1.4.1
			1.4.2
		4.7	4.7.1
			4.7.2
	Trabajo grupal con aplicación informática	1.2	1.2.1
			1.2.2
			1.2.3
	Diseño circuito de fuerza con auto-cargas	1.2	1.2.2
		4.5	4.5.1
			4.5.2
Alimentación	Elaboración póster	1.4	1.4.1
			1.4.2
	Elaboración dieta de tres días	1.1	1.1.1
		4.5	4.5.1
			4.5.2
	Ficha sistemas energéticos	1.1	1.1.1
		4.5	4.5.1
			4.5.2

Tabla 5. Ejemplo de relación entre las actividades de evaluación de unidades de la primera evaluación, con los criterios de evaluación a los que dan respuesta y los indicadores de logro del Documento Puente.

Paso 4.

Tras haber relacionado cada actividad de evaluación con los criterios correspondientes, y haber seleccionado aquellos indicadores que se evalúan de forma específica de cada criterio en cada actividad de evaluación; es momento de asociar las competencias a los Indicadores de Logro correspondientes.

Para las asignaturas con documento puente el trabajo está hecho. Sin embargo, podemos no estar totalmente convencidos/as de los que se estipula allí, de modo que respetando la asociación que se hace desde el Decreto autonómico 87/2015 en el que cada criterio ya tiene asociadas las competencias clave, podremos redistribuirlas entre los indicadores de logro que queramos. Incluso, llegado el caso, podemos crear nuestros propios indicadores de logro que se ajusten más y mejor a lo que quedemos destacar del criterio a evaluar.

Hay que recordar que los indicadores son sólo marcadores para que los y las docentes puedan observar con mayor facilidad la asimilación del criterio de evaluación que nos interese.

Para las materias de la Comunitat Valenciana, sin documento puente, pero con Decreto 87/2015 autonómico, pueden relacionar los estándares de aprendizaje del Real Decreto con las competencias que los criterios de evaluación tienen asignados en el Decreto 87/2015 autonómico.

Y para las materias sin documento puente ni concreción curricular autonómica, que van a depender del Real Decreto nacional 1105/2014, los profesores y profesoras deberán asociar de forma manual y personal las competencias a los estándares de aprendizaje.

UU DD	Actividades de Evaluación	Criterios de Evaluación	Indicadores de Logro	Competencias Clave						
				CCLI	CMCT	CD	CAA	CSC	SIEE	CEC
Calentamiento	Ficha de ejercicios generales de calentamiento	1.3	1.3.1		X		X		X	
			1.3.2		X		X		X	
		4.5	4.5.1	X						
			4.5.2	X			X			
	Diseño calentamiento específico	1.3	1.3.1		X		X		X	

	Exposición de calentamiento	1.3	1.3.2		X		X		X	
		4.3	4.3.1	X			X			
			4.3.2	X						
			4.3.3	X						
Condición física	Examen teórico escrito	1.1	1.1.1		X					
			1.1.2		X	X			X	
		1.4	1.4.1		X				X	
			1.4.2		X				X	
		4.7	4.7.1	X			X		X	
			4.7.2	X			X			
	Trabajo grupal con aplicación informática	1.2	1.2.1		X				X	
			1.2.2		X				X	
			1.2.3		X	X			X	
	Diseño circuito de fuerza con auto-cargas	1.2	1.2.2		X				X	
		4.5	4.5.1	X						
			4.5.2	X			X			
Alimentación	Elaboración póster	1.4	1.4.1						X	
			1.4.2		X				X	
	Elaboración dieta de tres días	1.1	1.1.1		X					
		4.5	4.5.1	X						
			4.5.2	X			X			
	Ficha sistemas energéticos	1.1	1.1.1		X					
		4.5	4.5.1	X						
			4.5.2	X			X			

Tabla 6. Ejemplo de relación entre las actividades de evaluación con unidades de la primera evaluación, los criterios de evaluación, los indicadores de logro del Documento Puente y las competencias asignadas a cada indicador de logro.

Existe la posibilidad de que haya conductas a valorar que no están reflejadas en los criterios de evaluación, pero que pueden proceder de los propios objetivos generales de etapa o de los elementos transversales establecidos ambos en el Real Decreto 1105/2014. Es decir, que podemos querer evaluar conductas socialmente positivas sin que haya un criterio de evaluación específico (ni un indicador ni estándar, por consiguiente) que hable de ello en el currículum del nivel y materia. Por ejemplo, la puntualidad, la responsabilidad en el cuidado del material, el esfuerzo diario en el aula, etc. que podrían registrarse de forma diaria.

En caso de no tener ningún criterio asociado a determinados aprendizajes y conductas que el profesor/a quiere valorar, hemos de asignar a la actividad de evaluación, las competencias que consideremos oportunas en función de la naturaleza de la conducta a valorar.

En el ejemplo que estamos siguiendo, la Hoja de Registro Diario, incluiría aspectos y conductas tan generales como imprescindibles en la etapa secundaria como: puntualidad; material; respeto por las instalaciones, el material, los compañeros y el profesor/a; y la participación activa en la sesión. Dado que son conductas de iniciativa propia y de interacción con otras personas del grupo, se ha decidido señalar las competencias Aprender a Aprender, Social y Cívica, y Sentido de la Iniciativa y Espíritu Emprendedor.

<table>
<tr><th rowspan="2">UU DD</th><th rowspan="2">Actividades de Evaluación</th><th rowspan="2">Criterios de Evaluación</th><th rowspan="2">Indicadores de Logro</th><th colspan="7">Competencias Clave</th></tr>
<tr><th>CCLI</th><th>CMCT</th><th>CD</th><th>CAA</th><th>CSC</th><th>SIEE</th><th>CEC</th></tr>
<tr><td rowspan="5">Calentamiento</td><td rowspan="4">Ficha de ejercicios generales de calentamiento</td><td rowspan="2">1.3</td><td>1.3.1</td><td></td><td>X</td><td></td><td>X</td><td></td><td>X</td><td></td></tr>
<tr><td>1.3.2</td><td></td><td>X</td><td></td><td>X</td><td></td><td>X</td><td></td></tr>
<tr><td rowspan="2">4.5</td><td>4.5.1</td><td>X</td><td></td><td></td><td></td><td></td><td></td><td></td></tr>
<tr><td>4.5.2</td><td>X</td><td></td><td></td><td>X</td><td></td><td></td><td></td></tr>
<tr><td>Diseño calentamiento específico</td><td>1.3</td><td>1.3.1</td><td></td><td>X</td><td></td><td>X</td><td></td><td>X</td><td></td></tr>
</table>

	Exposición de calentamiento	1.3	1.3.2		X		X		X	
		4.3	4.3.1	X			X			
			4.3.2	X						
			4.3.3	X						
Condición física	Examen teórico escrito	1.1	1.1.1		X					
			1.1.2		X	X			X	
		1.4	1.4.1		X				X	
			1.4.2		X				X	
		4.7	4.7.1	X			X		X	
			4.7.2	X			X			
	Trabajo grupal con aplicación informática	1.2	1.2.1		X				X	
			1.2.2		X				X	
			1.2.3		X	X			X	
	Diseño circuito de fuerza con auto-cargas	1.2	1.2.2		X				X	
		4.5	4.5.1	X						
			4.5.2	X			X			
Alimentación	Elaboración póster	1.4	1.4.1						X	
			1.4.2		X				X	
	Elaboración dieta de tres días	1.1	1.1.1		X					
		4.5	4.5.1	X						
			4.5.2	X			X			
	Ficha sistemas energéticos	1.1	1.1.1		X					
		4.5	4.5.1	X						
			4.5.2	X			X			
Todas	*Hoja Control Diario*	-	-				*X*	*X*	*X*	

Tabla 7. Incorporación de la Hoja de Control o Registro Anecdótico Diario al cuadrante de evaluación.

Paso 5.

El siguiente paso consiste en realizar la evaluación de cada una de las actividades, a medida que se vayan produciendo durante la evaluación. Y una vez se corrijan, se irá asignando la calificación de cada actividad a las competencias clave que se han señalado como trabajadas, atendiendo a los indicadores de logro afectados en cada actividad de evaluación.

Para poder llevar a cabo una evaluación objetiva y justa para el alumnado (y respetar así el artículo 6 del la Orden de Evaluación autonómica 38/2017 de 04 octubre), el profesorado ha de articular formas de evaluación que no contravengan la equidad en la evaluación y disminuyan al máximo la subjetividad a la hora de corregir.

Para ello, quizá una buena opción sean las *rúbricas*, dado que son técnicas de evaluación cuya concreción a la hora de corregir reduce mucho el factor subjetivo de la valoración del profesor y permiten, además, que el/ la alumno/a conozca de antemano de forma detalla qué y cómo va a ser evaluado.

Para llevar a cabo una rúbrica acorde con los que se quiere evaluar, podemos crearla a partir de los indicadores de logro (o estándares de aprendizaje), de modo que cada indicador pueda ser evaluado por separado y ofrecer, de ese modo, una evaluación concreta.

En las tareas de observación, el profesor/a ha de determinar en directo (o diferido si puede llevar a cabo una grabación de la actividad) el nivel alcanzado. Y para llevarlo a cabo, se ha de graduar cada indicador de forma que sea claramente identificable. Esa graduación del nivel logrado en cada uno los indicadores de logro, conformarían una rúbrica de la actividad de evaluación.

Sin embargo, en las tareas de experimentación donde hay un registro permanente a través de preguntas y respuestas, se pueden asociar los indicadores de logro a las preguntas que contenga la prueba. De este modo, con cada respuesta podemos atender al nivel de logro conseguido en cada indicador de logro.

Por ejemplo, en un examen escrito, se van a valorar indicadores de logro relacionados con la parte conceptual de la unidad didáctica. Cada pregunta o conjunto de preguntas se asocian a un indicador, de modo que su evaluación determinará el grado de consecución del indicador y, por consiguiente, de las competencias asociadas.

Pero además, se va a valorar la forma en la que escribe el alumno/a, de modo que habrá unos indicadores que reflejen solamente el grado de logro de la escritura.

Es decir, que podremos separar los conocimientos adquiridos en la unidad concreta por un lado, y por otro podremos analizar lingüísticamente al sujeto.

Muchos y muchas docentes en la actualidad supeditan lo primero a lo segundo. En otras palabras, penalizan sobre la nota del examen, la mala escritura y expresión escrita, de modo que la calificación del examen no discierne "lo que sabe" de "cómo escribe".

Veamos el ejemplo.

Rúbrica para EXAMEN TEÓRICO. Unidad de Condición Física. Evaluación por competencias				**COMPETENCIAS CLAVE**						
Criterio de evaluación	Indicador de Logro	Ítem	**Escala Valor**	**CCLI**	**CMCT**	**CD**	**CAA**	**CSC**	**SIEE**	**CEC**
1.1 Analizar la relación de las capacidades físicas con los sistemas metabólicos de obtención de energía, y el control de la intensidad de la actividad física, mediante pruebas de valoración utilizando estos conocimientos para mejorar su salud y condición física.	1.1.1 **Analiza** la relación de las capacidades físicas con los sistemas metabólicos de obtención de energía, y **adapta** el control de la intensidad del esfuerzo a través de la toma de pulsaciones y cálculo de la ZAS.	Preguntas 1-2 (1'25 cada pregunta)	Valor logrado en el total (x4)		X					
	1.1.2 **Aplica** las pruebas de valoración de las capacidades físicas para determinar su nivel inicial y su progreso en relación con la salud y la condición física.	Preguntas 3-4 (1'25 cada pregunta)	Valor logrado en el total (x4)		X	X			X	
1.4 Analizar la relación entre las actitudes y estilos de vida saludables con la imagen corporal, las actividades de ocio, la actividad física y el deporte, la prevención de enfermedades y adicciones y evidenciar estas conductas y sus beneficios en su vida personal y en el contexto social actual.	1.4.1. **Analiza** críticamente las actitudes y estilos de vida saludables relacionados con la imagen corporal, ocio y actividades físico-deportivas, incidiendo en la prevención de enfermedades y adicciones.	Preguntas 5-6 (1'25 cada pregunta)	Valor logrado en el total (x4)		X				X	
	1.4.2. **Evidencia** la presencia de conductas y beneficios que derivan de los estilos de vida saludables relacionados con la imagen corporal, las actividades de ocio, la actividad física y el deporte, la prevención de enfermedades y adicciones, en su vida personal y contexto social actual.	Preguntas 7-8 (1'25 cada pregunta)	Valor logrado en el total (x4)		X				X	
4.7 Escribir textos del ámbito personal, académico, social o profesional en diversos formatos y soportes, cuidando sus aspectos formales, aplicando las normas de corrección ortográfica y gramatical del nivel educativo y ajustados a las propiedades textuales de cada tipo y situación comunicativa, para transmitir de forma organizada sus conocimientos con un lenguaje no discriminatorio.	4.7.1. Planifica la elaboración de textos escritos sobre los conocimientos de la asignatura de Educación Física del **nivel educativo** (especificar los propios de la asignatura)) ajustándose a las propiedades textuales de cada tipo y situación comunicativa.	Léxico	Descontar a 10: 1 punto por cada palabra omitida.	X			X		X	
	4.7.2. Escribe textos (especificar los propios de la asignatura) con sobre conocimientos de la asignatura de Educación Física del ámbito personal, académico, social o profesional en diversos formatos y soportes, cuidando sus aspectos formales y aplicando las normas de corrección ortográfica y gramatical del **nivel educativo.**	Gramática Ortografía	Descontar a 10: 0'25 por falta. Con un máximo de 2 puntos descontados por pregunta	X			X			

Figura 5. Ejemplo de rúbrica para un examen teórico, asignando respuestas a indicadores de logro e incorporando indicadores y criterios meramente lingüísticos.

Paso 6.
Cada competencia relacionada con un indicador recibirá la nota asignada al indicador, sin diferenciar ni ponderarlo. Lo hacemos así para respetar al máximo la concreción curricular que nos presenta tanto el decreto que establece el currículo, como el Documento Puente.

En caso de que algún/a docente considere que, además, cuando se evalúa un indicador se podría separar la calificación de cada competencia por separado, tendría la opción de crear personalmente un último nivel de concreción con ítems que desglosen los propios indicadores de logro. Una especie de "mini-indicadores", a los que se podría asignar sólo una competencia de las varias que tuviese asociadas su indicador original.

Pero esto supone un grado mayor de trabajo y, por encima de todo, se convierte en algo muy personal en el que cada docente puede pensar, decidir y actuar de forma distinta.

Nosotros/as nos decantaremos por el nivel de concreción curricular que propone la Conselleria de Educació: los indicadores de logro son los que tienen asignadas las competencias clave.

De este modo, a medida que avanza la evaluación y el curso, se van obteniendo calificaciones referidas a los indicadores de logro. Y según este sistema, por consiguiente, se va obteniendo una calificación de las competencias implicadas en cada indicador. Y así, cuando finalice la evaluación, podremos tener un cuadrante con las notas de la evaluación, referidas a cada competencia.

UUDD	Actividades de Evaluación	Criterios de Evaluación	Indicadores de Logro	Competencias Clave						
				CCLI	CMCT	CD	CAA	CSC	SIEE	CEC
Calentamiento	Ficha de ejercicios generales de calentamiento	1.3	1.3.1		6		6		6	
			1.3.2		6,25		6,25		6,25	
		4.5	4.5.1	4						
			4.5.2	2			2			
	Diseño calentamiento específico	1.3	1.3.1		4		4		4	
	Exposición de calentamiento	1.3	1.3.2		7,5		7,5		7,5	
		4.3	4.3.1	5,1			5,1			
			4.3.2	4,6						
			4.3.3	6						
Condición física	Examen teórico escrito	1.1	1.1.1		8					
			1.1.2		6	6			6	
		1.4	1.4.1		5,75				5,75	
			1.4.2		4’8				4’8	
		4.7	4.7.1	7,3			7,3		7,3	
			4.7.2	6,1			6,1			
	Trabajo grupal con aplicación informática	1.2	1.2.1		6,35				6,35	
			1.2.2		5				5	
			1.2.3		7,8	7,8			7,8	
	Diseño circuito de fuerza con auto-cargas	1.2	1.2.2		4				4	
		4.5	4.5.1	2’7						
			4.5.2	2’4			2’4			
	Elaboración póster	1.4	1.4.1						8	
			1.4.2		6,4				6,4	

Alimentación	Elaboración dieta de tres días	1.1	1.1.1		3,8					
		4.5	4.5.1	4,4						
			4.5.2	6,1			6,1			
	Ficha sistemas energéticos	1.1	1.1.1		5,7					
		4.5	4.5.1	5						
			4.5.2	5,4			5,4			
Todas	*Hoja Control Diario*	-	-				*6*	*6*	*6*	

Tabla 8. Aplicación de las calificaciones obtenidas en las actividades de evaluación, distinguiendo la nota para cada indicador de logro, que a su vez, permitirá trasladar la misma calificación a las competencias asignadas.

Paso 7.

Hay que crear los **"perfiles de competencia"**. Según la Orden ECI 65/2015, del 21 de enero, por la que se describen las relaciones entre las competencias, los contenidos y los criterios de evaluación de la educación Primaria, Secundaria y Bachillerato, en su Artículo 5, punto 7; los perfiles de competencia podrían definirse de la siguiente forma: *conjunto de estándares de aprendizaje evaluables de las diferentes áreas o materias que se relacionan con una misma competencia.*

Es decir, la unión de todos los estándares (o indicadores de logro) evaluados que se relacionan con una misma competencia, formará el perfil de cada competencia. Esto es, si procedemos a unir las evaluaciones que se han hecho de una competencia a lo largo de una evaluación o curso, obtendremos el perfil de la competencia en cuestión.

Después, hay que obtener la nota media de las calificaciones obtenidas en cada competencia a lo largo de la evaluación. El hecho de hacer un promedio aritmético en lugar de uno ponderado responde al razonamiento por el cual nos interesa que el alumno/a muestre se muestre igual de competente siempre que se demande una competencia concreta, con independencia de las horas de preparación previa, los minutos empleados en su ejecución, la pertenencia a un grupo o de forma individual, etc. Si hacemos una media aritmética se valora por igual todas las actividades evaluativas en las que, por ejemplo, un alumno/a ha tenido que hablar, escribir o leer (competencia lingüística). Aunque unas correspondan a trabajos escritos, otras a exámenes ordinarios, exposiciones orales... Lo realmente importante es que el alumnado haya mostrado su potencial y competencia lingüística cuando se le haya requerido, las veces que haya sido.

Tomemos el ejemplo de nuevo.

UUDD	Actividades de Evaluación	Criterio de Eval.	Indicador	Competencias Clave						
				CCLI	CMCT	CD	CAA	CSC	SIEE	CEC
Calentamiento	Ficha de ejercicios generales	1.3	1.3.1		6		6		6	
			1.3.2		6,25		6,25		6,25	
		4.5	4.5.1	4						
			4.5.2	2			2			
	Diseño calentamiento específico	1.3	1.3.1		4		4		4	
	Exposición de calentamiento	1.3	1.3.2		7,5		7,5		7,5	
		4.3	4.3.1	5,1			5,1			
			4.3.2	4,6						
			4.3.3	6						
	Examen teórico escrito	1.1	1.1.1		8					
			1.1.2		6	6			6	
		1.4	1.4.1		5,75				5,75	
			1.4.2		4'8				4'8	
		4.7	4.7.1	7,3			7,3		7,3	
			4.7.2	6,1			6,1			

Condición física	Trabajo grupal con aplicación informática	1.2	1.2.1		6,35				6,35	
			1.2.2		5				5	
			1.2.3		7,8	7,8			7,8	
	Diseño circuito de fuerza con auto-cargas	1.2	1.2.2		4				4	
		4.5	4.5.1	2'7						
			4.5.2	2'4			2'4			
Alimentación	Elaboración póster	1.4	1.4.1						8	
			1.4.2		6,4				6,4	
	Elaboración dieta de tres días	1.1	1.1.1		3,8					
		4.5	4.5.1	4,4						
			4.5.2	6,1			6,1			
	Ficha sistemas energéticos	1.1	1.1.1		5,7					
		4.5	4.5.1	5						
			4.5.2	5,4			5,4			
Todas	Hoja Control Diario	-	-				*6*	*6*	*6*	
Perfiles de Competencia				***4'7***	***5'82***	***6'9***	***5'34***	***6***	***6'07***	**-**

Tabla 9. Creación de los perfiles de competencia y establecimiento de calificación de cada competencia en la primera evaluación.

Posibles problemas.
Ante la simulación que acabamos de tomar, se observan dos posibles conflictos que hay que solucionar: hay una competencia suspendida o hay una competencia que no se trabaja.

Por un lado ¿qué sucede si una competencia está suspendida? En este caso, como luego veremos, hay que realizar la media de las competencias igualmente. En función del resultado habrá que emitir una calificación de la evaluación con una nota del 1 al 10.

Pero, a diferencia de otras formas de evaluación, al evaluar con esta fórmula, estamos atendiendo directamente al grado de dominio de las competencias. Y por tanto, podremos cumplir con lo que exige la Orden de Evaluación 38/2017, del 04 de octubre de la Conselleria de Educación, Investigación, Cultura y Deporte, en su Capítulo 1, Artículo 4; donde se cita textualmente que *"tanto en la evaluación continua en los diferentes cursos como en las evaluaciones finales, ordinarias y extraordinarias, de las diferentes etapas educativas, deberá tenerse en cuenta el grado de dominio de las competencias clave"*.

Y por consiguiente, además de calificar del 1-10 al sujeto en la evaluación de la materia, podremos referirnos, además, al grado de dominio (también del 1-10) de cada competencia. Siendo el ejemplo, un caso en el que el alumno aprobaría la asignatura en esta evaluación, pero añadiríamos que en la competencia lingüística, de momento, no es mínimamente competente.

Por otro lado, ¿qué sucede si una competencia no se trabaja en una evaluación? La calificación final solo se obtendrá a partir de las competencias trabajadas hasta el momento. De modo que si una todavía no se ha trabajado, no se tiene en consideración para la obtención de la nota de la evaluación.

Si cumplimos con el currículum, al final del curso, en la evaluación final todas las competencias se habrán trabajado, de modo que entre todas configurarían la calificación final del curso.

Aquí tenemos varias opciones para resolver el conflicto. Y en todas ellas necesitamos ver el siguiente paso: ponderación de las competencias.

Paso 8. Ponderación de las Competencias Clave.

Los criterios de calificación de un departamento permiten agrupar los resultados de las actividades de evaluación de una forma u otra, para finalmente, obtener una calificación conjunta.

Tradicionalmente se ha apostado por aislar las calificaciones en función de la tipología del contenido al que hacen referencia. Y por tanto, las calificaciones podían ser conceptuales (teóricas), procedimentales (prácticas) y actitudinales (comportamiento).

En los últimos años ha habido un giro por el que muchos departamentos han organizado sus criterios de calificación en función del origen de las actividades de evaluación, es decir, en función de las unidades didácticas (o temas) a los que pertenecen. De este modo, todas las actividades de evaluación de un mismo tema ponderan juntas para obtener una nota en cada unidad. Finalmente se ponderan las unidades didácticas trabajadas hasta el momento para obtener la calificación de la evaluación.

En cambio, al evaluar por competencias, las calificaciones con las que operaremos para la obtención de una nota de evaluación y/o final, pertenecen a las calificaciones obtenidas en cada perfil de competencia. De modo que hay que ponderar las competencias para la evaluación.

Hay dos posibilidades: que todas las competencias ponderen por el mismo valor (en torno al 14% cada una), o que cada competencia pondere con un peso porcentual distinto.

Si optamos por la primera opción, el mensaje es que todas competencias son igual de importantes y se trabajan de la misma forma en la materia. Y es una opción legítima y respetable.

Competencia Lingüística	14%
Competencia Matemática y Tecnológica	14%
Competencia Digital	14%.
Competencia Aprender a Aprender	14%.
Competencia Sociales y Cívicas	14%.
Competencia Sentido de Iniciativa y Espíritu Emprendedor Lingüística	14%.
Competencia Conciencia y Expresiones Culturales	14%.

Tabla 10. Ponderación del valor de cada competencia para la obtención de la nota, otorgando el mismo valor a todas las competencias.

No obstante, propongo optar por la segunda posibilidad, que cada competencia tenga un valor distinto en función de dos factores:

- Factor 1: **La cantidad de veces que aparece cada competencia repetida en el currículum de la materia**. Según este criterio, es el propio currículo quien determina el valor de cada competencia, de modo que cuanto más aparezca, mayor peso tendrá porque, teóricamente, más importancia tiene en el currículum. Todos los departamentos que siguieran este sistema de ponderación, tendrían los mismos criterios de calificación para un mismo curso.

	Veces que aparece cada competencia por bloque de contenidos						Ponderación %
	Condición Física	Juegos y Deportes	Act. adaptadas al medio	Comunicación y Expresión	Transversales	**TOTAL**	
CCLI	0	0	0	11	3	**14**	**13**
CMCT	8	0	4	0	0	**12**	**11**
CD	2	0	0	0	7	**9**	**8**
CAA	0	5	0	10	10	**25**	**22**
CSC	0	7	0	0	8	**15**	**13**
SIEE	7	2	4	4	15	**32**	**29**
CEC	0	1	0	3	1	**5**	**4**

Tabla 11. Ejemplo de ponderación del valor de cada competencia para la obtención de la nota, atendiendo a la cantidad que aparecen repetidas a lo largo del currículum de Educación Física de 3ESO.

- Factor 2: **La cantidad de veces que es demandada a lo largo de las actividades de evaluación del profesor/a**. Esto supone que cada departamento, en función de las veces que ha incluido cada competencia en las actividades de evaluación, otorgará consecuentemente más valor a unas competencias que a otras.

Unidad Didáctica	**Actividades de Evaluación**	**COMPETENCIAS CLAVE**						
		CCLI	**CMCT**	**CD**	**CAA**	**CSC**	**SIEE**	**CEC**
CALENTAMIENTO	Grabación del Calentamiento							
	Trabajo escrito del calentamiento							
	Diseño y Dirección fase del calentamiento							
	Hoja Control							
CONDICIÓN FÍSICA	Creación S.E.S.							
	Ficha Ciurcuito Fuerza							
	Comentario Artículo							
	Trabajo Resistencia APP							
	Hoja Control							
ALIMENTACIÓN	Ficha sistemas enegéticos debate							
	Ficha Alimentación 3 días							
	Creación Dietas 3 días							
	Póster							
RUGBY	Comentario Documental							
	Comentario Documental							
	Haka por Equipos							
	Touches y Melés							

	Evaluación Procedimental
ALTERNATIVOS	Trabajo Investigación
	Hoja Control
	Trabajo escrito Historia Ultimate
	Creación juego material alternativo
	Torneos s5 y s6
	Evaluación Procedimental s5 y s6
	Hoja control
MEDIO NATURAL	Video montaje tienda campaña
	Test primeros auxilios
	Trabajo: organización ruta
	Exposición trabajo ruta
	Hoja Control
	Glosario Terminológico A-Z
ORIENTACIÓN	Croquis centro
	Evaluacion procedimental Mapamundi
	Evaluación procedimental Relevos
	Evaluación procedimental Brújula
	Evaluación procedimental Tic parejas
	Evaluación procedimental parque
	Hoja Control
	Glosario terminológico
PILOTA VALENCIANA	Examen técnica S7
	Evaluación procedimental S7 y S8
	Guante Pilota

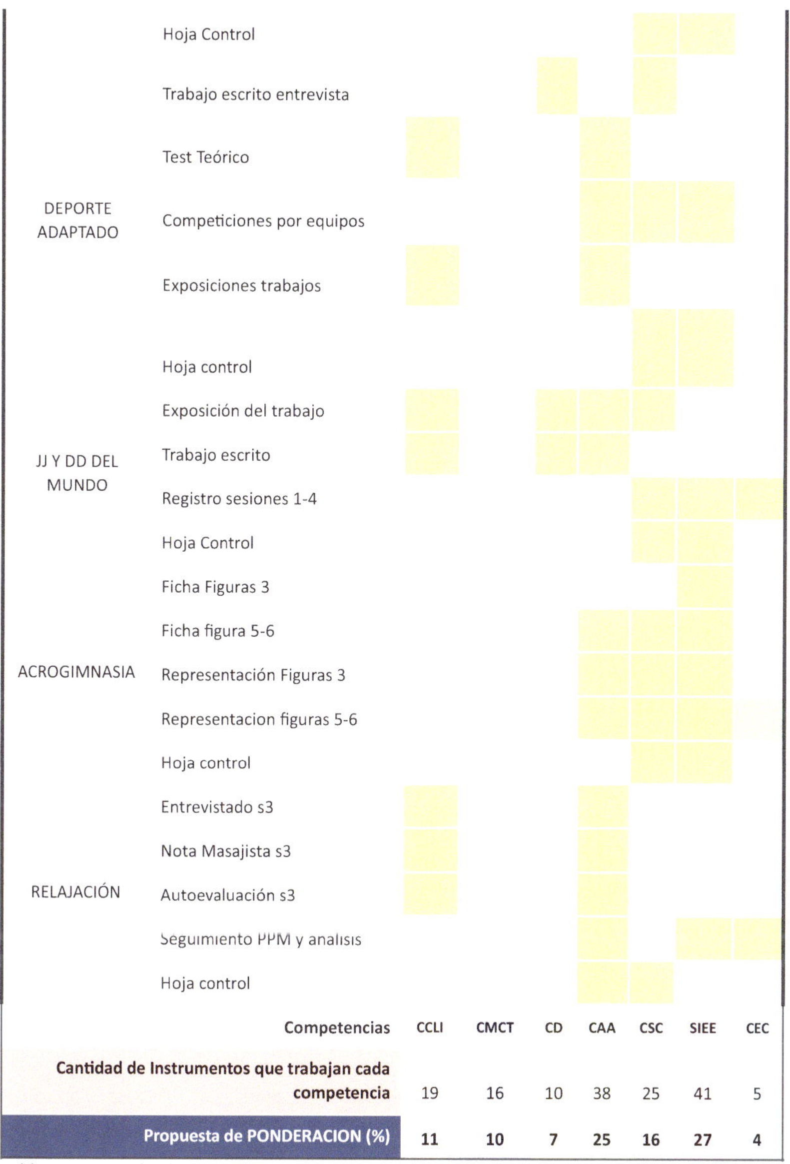

	Hoja Control							
	Trabajo escrito entrevista							
	Test Teórico							
DEPORTE ADAPTADO	Competiciones por equipos							
	Exposiciones trabajos							
	Hoja control							
	Exposición del trabajo							
JJ Y DD DEL MUNDO	Trabajo escrito							
	Registro sesiones 1-4							
	Hoja Control							
	Ficha Figuras 3							
	Ficha figura 5-6							
ACROGIMNASIA	Representación Figuras 3							
	Representacion figuras 5-6							
	Hoja control							
	Entrevistado s3							
	Nota Masajista s3							
RELAJACIÓN	Autoevaluación s3							
	Seguimiento PPM y analisis							
	Hoja control							
	Competencias	**CCLI**	**CMCT**	**CD**	**CAA**	**CSC**	**SIEE**	**CEC**
	Cantidad de Instrumentos que trabajan cada competencia	19	16	10	38	25	41	5
	Propuesta de PONDERACION (%)	**11**	**10**	**7**	**25**	**16**	**27**	**4**

Tabla 12. Ejemplo de ponderación del valor de cada competencia para la obtención de la nota, atendiendo a la cantidad de veces que aparece repetida a lo largo de las actividades de evaluación propuestas por el profesor/a durante el curso, ejemplo para Educación Física de 3ESO.

Esta ponderación puede llevarse a cabo tomando todas las actividades de evaluación del curso, o bien separarlo por cada evaluación, de modo que la ponderación se ajuste a la cantidad de veces que se repiten las competencias a lo largo de los trimestres. De ese modo, la ponderación variará en cada evaluación, aunque la evaluación final seguiría respetando la ponderación anterior. Y recordemos que la evaluación final, la completa, es la que realmente interesa porque abarca todo el curso académico.

Se tome la decisión que se tome, hay que reflejarlo en la programación del departamento de inicio de curso, en el apartado "criterios de calificación". En la opción 2 del siguiente paso, se exponen y comparan estas dos formas de ponderación para una evaluación concreta: respetando los porcentajes anuales en la evaluación anual, o aplicando en cada evaluación porcentajes ajustados a las veces que se va trabajando cada competencia.

Paso 9. Obtención de la Nota en la Evaluación.

Considerando los pasos anteriores 7 y 8, vamos a hacer confluir las notas de los perfiles de competencia con las ponderaciones que hemos obtenido para cada competencia, sea cual sea el sistema elegido.

De este modo, cada nota de perfil de competencia será ponderada con % asignado en el paso anterior, y la suma de todas las ponderaciones nos proporcionará la calificación de la evaluación en formato numérico del 1 al 10 (que es lo que se nos exige para los boletines de notas).

Veamos ambas posibilidades referidas anteriormente al ejemplo de calificación expuesto en el paso 7. Y recordemos el problema que surgió anteriormente, por el que puede suceder que en una evaluación haya una competencia que no se trabaje.

En este caso, la ponderación de las competencias o competencias que no se trabajasen iría a parar a otra competencia, atendiendo al criterio que marcase para estos casos el departamento. Podríamos dar ese porcentaje a la competencia más trabajada en esa evaluación, o a la menos trabajada, etc. O bien, podríamos obtener la calificación de la evaluación a partir de una sencilla regla de tres, por la cual se obtendría una calificación sin considerar el porcentaje de la competencia no trabajada.

- Opción 1.

En esta opción, se van a ponderar las competencias en función de la cantidad de veces que aparecen en el currículum.

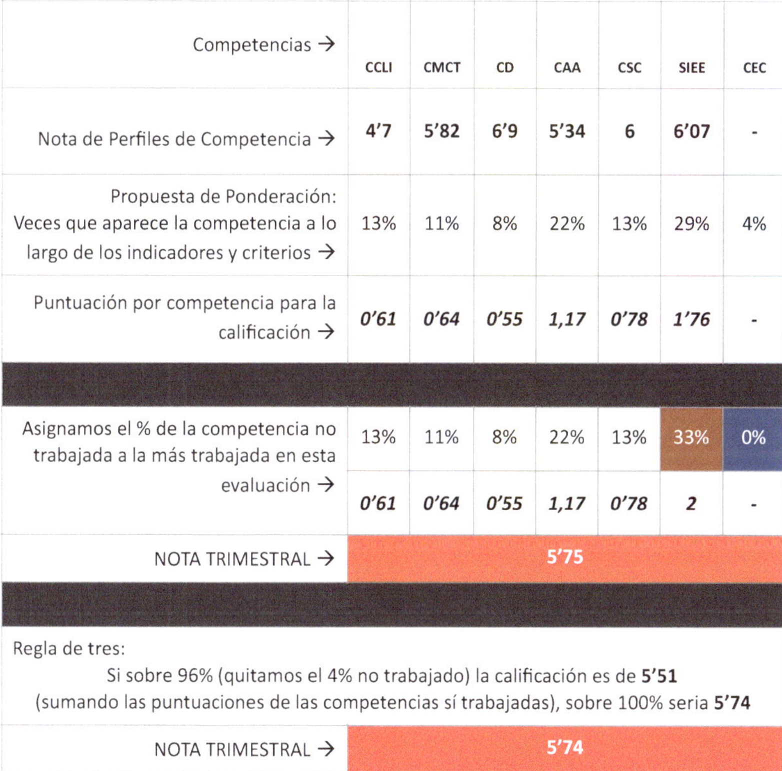

Competencias →	CCLI	CMCT	CD	CAA	CSC	SIEE	CEC
Nota de Perfiles de Competencia →	**4'7**	**5'82**	**6'9**	**5'34**	**6**	**6'07**	-
Propuesta de Ponderación: Veces que aparece la competencia a lo largo de los indicadores y criterios →	13%	11%	8%	22%	13%	29%	4%
Puntuación por competencia para la calificación →	***0'61***	***0'64***	***0'55***	***1,17***	***0'78***	***1'76***	-
Asignamos el % de la competencia no trabajada a la más trabajada en esta evaluación →	13%	11%	8%	22%	13%	33%	0%
	0'61	***0'64***	***0'55***	***1,17***	***0'78***	***2***	-
NOTA TRIMESTRAL →	**5'75**						
Regla de tres: Si sobre 96% (quitamos el 4% no trabajado) la calificación es de **5'51** (sumando las puntuaciones de las competencias sí trabajadas), sobre 100% seria **5'74**							
NOTA TRIMESTRAL →	**5'74**						

Tabla 13. Comparativa entre: Asignación del valor ponderado de una competencia no trabajada durante una evaluación, a la competencia más trabajada; y determinación de la nota sin atender el valor de la competencia no trabajada. La diferencia en este supuesto es mínima e irrelevante.

- Opción 2.

En esta opción, se van a ponderar las competencias en función de la cantidad de veces que aparecen en las actividades de evaluación establecidas por el/la docente. Cabe resaltar, de nuevo, que esta opción permitiría atender exclusivamente a la cantidad de veces que aparecen las competencias repetidas en las actividades de evaluación, de sólo la evaluación que nos interese (en este caso la primera, con cuatro unidades didácticas).

Competencias →	CCLI	CMCT	CD	CAA	CSC	SIEE	CEC
Nota de Perfiles de Competencia →	**4'7**	**5'82**	**6'9**	**5'34**	**6**	**6'07**	-
Propuesta de Ponderación: Veces que aparece la competencia a lo largo de las actividades de evaluación del **curso completo** →	11%	10%	7%	25%	16%	27%	4%
Puntuación por competencia para la calificación →	***0'51***	***0'58***	***0'48***	***1'33***	***0'96***	***1'64***	-
Asignamos el % de la competencia no trabajada a la más trabajada en esta evaluación →	11%	10%	7%	25%	16%	31%	0%
	0'51	***0'58***	***0'48***	***1'33***	***0'96***	***1'88***	-
NOTA TRIMESTRAL →	5'74						
Regla de tres:Si sobre 96% (quitamos el 4% no trabajado) la calificación es de **5'5** (sumando las puntuaciones de las competencias sí trabajadas), sobre 100% seria 5'72							
NOTA TRIMESTRAL →	5'72						

Nueva propuesta de Ponderación: Veces que aparece la competencia a lo largo de **esta primera evaluación.**	Competencias →	CCLI	CMCT	CD	CAA	CSC	SIEE	CEC
	Veces que se repite →	5	5	5	12	8	13	0
	Propuesta de ponderación →	10%	10%	10%	25%	19%	27%	0%
	Puntuación por competencia para la calificación →	***0'47***	***0'58***	***0'69***	***1'33***	***1'14***	***1'64***	-
NOTA TRIMESTRAL →		5'85						

Tabla 14. Comparativa entre: Asignación del valor ponderado de una competencia no trabajada durante una evaluación, a la competencia más trabajada; determinación de la nota sin atender el valor de la competencia no trabajada por una regla de tres; y nueva ponderación cuando una competencia no se trabaja, atendiendo a las veces que se repiten las competencias en esta evaluación. La diferencia vuelve a ser mínima, de +/- 0'13 puntos en la nota.

Como se puede observar en estas simulaciones, todas las opciones acaban determinando una calificación tremendamente similar.

Recordemos, pues, que el concepto de la evaluación continua supone considerar aquellas actividades de evaluación que hayan sucedido desde el inicio del curso hasta el momento en que se vaya a dar la calificación. De modo que si hay que determinar una nota para una evaluación en el mes de abril, se considerarán todas las actividades de evaluación desde septiembre hasta marzo o abril.

Habitualmente muchos/as docentes que pretender hacer una evaluación continua consideran que tras la primera evaluación, lo que va a incluirse en la segunda sólo serán las actividades posteriores a la primera evaluación y hasta el momento de la segunda evaluación, por ejemplo, de enero a abril. Y del mismo modo para la tercera evaluación, atendiendo solo a lo que suceda en los dos o tres últimos meses del curso.

Por tanto, para hacer una evaluación continua utilizando la evaluación competencial, se va a considerar que todas las evaluaciones han de recoger las actividades de evaluación desde el inicio de curso, de modo que el perfil de cada competencia se irá extendiendo cada vez más.

Paso 10. Obtención de la Nota Final.

Recordemos que la evaluación final en un proceso continuo, formativo y sumativo, ha de atender a lo que ha sucedido desde el principio del curso, de forma que losa perfiles de competencia comprenderán desde el inicio de curso en septiembre hasta el final en junio.

Con ello, y atendiendo a la cantidad de veces que haya aparecido en el currículum (opción 1 anterior) o en función de la cantidad total que haya aparecido cada competencia a lo largo de nuestros instrumentos de evaluación (opción 2 anterior), cada competencia tendrá una calificación de 1-10 y a su vez, ponderación u otra para calcular la nota final.

Veamos la siguiente simulación.

Supongamos las siguientes calificaciones finales para cada una de las competencias:

CCLI	CMCT	CD	CAA	SIEE	CSC	CEC
5,4	6,2	7,2	5,3	8	6,7	6

Ahora traslademos a la obtención final de la nota en función de la ponderación dada a cada competencia.

Opción 1: Ponderación en función de la cantidad de veces que aparecen en el currículum.

Competencias →	**CCLI**	**CMCT**	**CD**	**CAA**	**CSC**	**SIEE**	**CEC**
Nota de Perfiles de Competencia →	**5,4**	**6,2**	**7,2**	**5,3**	**8**	**6,7**	**6**
Propuesta de Ponderación: Veces que aparece la competencia a lo largo de los indicadores y criterios →	13%	11%	8%	22%	13%	29%	4%
Puntuación por competencia para la calificación →	***0'7***	***0'68***	***0'57***	***1'16***	***1'04***	***1'94***	***0'24***
NOTA FINAL	**6'33**						

Opción 2: Ponderación en función de la cantidad de veces que aparecen en las actividades de evaluación establecidas por el/la docente.

Competencias →	**CCLI**	**CMCT**	**CD**	**CAA**	**CSC**	**SIEE**	**CEC**
Nota de Perfiles de Competencia →	**5,4**	**6,2**	**7,2**	**5,3**	**8**	**6,7**	**6**
Propuesta de Ponderación: Veces que aparece la competencia a lo largo de las actividades de evaluación del **curso completo** →	11%	10%	7%	25%	16%	27%	4%
Puntuación por competencia para la calificación →	***0'59***	***0'62***	***0'54***	***1'32***	***1,28***	***1,8***	***0'32***
NOTA FINAL	**6'45**						

Como se puede observar, cada opción (con sus pros y contras), arrojan una calificación final muy similar. Y ambos, ofrecen la posibilidad de determinar el grado preciso de adquisición de las competencias para el alumnado.

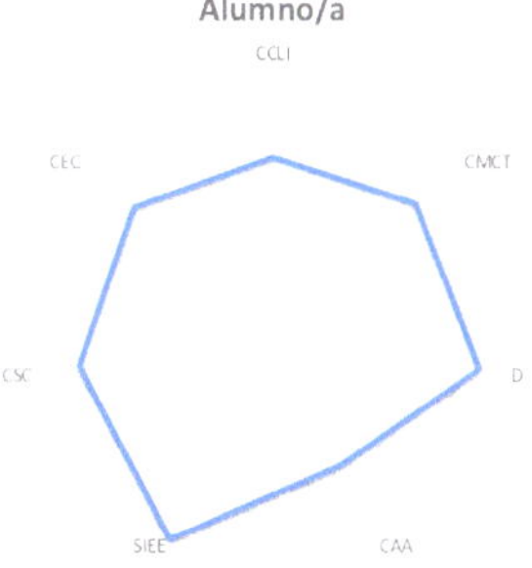

Figura 5. Representación gráfica del grado de adquisición de las competencias clave en un heptágono con diagrama de araña.

Posibles problemáticas

1. **Las unidades didácticas no tienen nota específica.**

Evaluar por competencias, como hemos explicado anteriormente supone evaluar siete aspectos del crecimiento de nuestros/as estudiantes. Siete habilidades comunes a todas las materias y presentes en prácticamente todas las unidades del curso.

Por ese motivo, no es necesaria una calificación de las unidades didácticas porque no vamos a usarla para la obtención de ninguna calificación, ni trimestral ni anual. La Orden de Evaluación 38/2017, del 4 de octubre, insta al profesorado a emitir una calificación numérica en tres momentos del curso, pero no reclama la nota para cada una de las unidades didácticas del curso.

La unidades didácticas sirven para ir trabajando los contenidos, y evaluando los criterios de evaluación, con un fin claro y determinado: adquirir el nivel competencial y los objetivos marcados para la etapa educativa en cuestión. En otras palabras, las unidades sirven como caminos, no como destinos.

Solo de este modo, con independencia de las unidades que se trabajen y/o de los y las docentes con quien interactúen; todos los alumnos y alumnas del mismo nivel y ciclo deberán de aprender lo mismo.

Y solo así, se facilitará una evaluación continua, formativa y sumativa; por la cual cada vez que se pida una calificación (primera, segunda y tercera evaluaciones) el perfil de competencia de cada competencia se alargará desde el inicio del curso hasta el momento en que se pida. Porque los aprendizajes evaluados serán comunes en todas las unidades. Porque las competencias están presentes en todo el curso, las unidades tienen un inicio y un fin.

2. **¿Qué información recibe el alumnado tras las actividades de evaluación?**

Ésta es una de las cuestiones que mayores quebraderos de cabeza presuponen. Pero la realidad es que el alumno/a necesita tener cuanta más información mejor, porque solo así sabrá en qué ha fallado y cómo mejorar.

Por ese motivo, ante una misma actividad de evaluación donde se conjugan diversos criterios de evaluación, el alumnado debe de ser informado de cómo ha respondido ante los criterios en cuestión, de modo que podamos disociar partes de la actividad que tengan una calificación y otras con otra.

Es lo que se hace habitualmente con el objetivo de obtener una nota del 1-10 en las citadas actividades, pero ahora separamos cada parte en una nota distinta.

Como hemos dicho, cada criterio corresponde a unas competencias, de modo que si un alumno sabe si ha sido evaluado de forma positiva en unos criterios y en otros no, sabrá por tanto, en qué competencias debe mejora en lo que queda de curso.

3. **Que haya alguna competencia que no se trabaje.**

En teoría todas las materias han de trabajar todas las competencias para cumplir con el currículum y las recomendaciones europeas en materia educativa, de modo que, tal y como se especifica tanto en la Orden de Evaluación para Secundaria como en la Orden Ministerial, cuando haya que aplicar los criterios de promoción de un alumno/a; e incluso en los criterios de obtención del título de ESO, para que un alumno titule o promocione debe adquirir los objetivos y competencias de la etapa educativa en cuestión, siendo el *conjunto de las materias* las que determinen si se han alcanzado o no. Por tanto, si hubiese un hipotético caso en el que alguna materia no ha trabajado una competencia clave siguiendo el currículum oficial, esta materia no podría ofrecer una valoración de la citada competencia y su participación en la junta de evaluación estaría ciertamente limitada.

Y eso es, precisamente lo que sucede en la Comunitat Valenciana si atendemos al currículum que estable el *Decreto 87/2015 del 05 de junio,* por el cuál se observa que hay ciertas asignaturas en las que no todas las competencias se trabajan en todas las asignaturas.

De hecho, incluso existen ciertas discordancias entre el currículum que se detalla en las más de mil páginas del Decreto 87/2015, y el Documento Puente que sirve como referencia para muchos/as docentes; por las cuáles, hay competencias que el Documento puente no aparecen en algunas materias, aunque en el Decreto 87/2015 si que estén asignadas a determinados criterios de evaluación de la materia en cuestión (ver más adelante).

Por todo esto, tenemos tres vías de atención curricular a las competencias clave en la Comunitat Valenciana. Son tres realidades distintas: asignaturas que atienden a todas las competencias clave; asignaturas que no trabajan todas las competencias clave; y asignaturas cuyo Documento Puente no respeta la asignación competencias que hace el Decreto 87/2015 del 5 de junio, al no incluir en el Documento Puente competencias claves especificadas en el Decreto, o viceversa.

Veamos las siguientes tablas:

Asignaturas de ESO que incluyen todas las competencias clave	**Asignaturas de ESO que excluyen alguna competencia clave**	**Asignaturas de ESO que no mantienen relación entre Decreto 87/2015 y el Documento Puente**
MATEMÁTICAS EDUCACIÓN FÍSICA GEOGRAFÍA E HISTORIA TECNOLOGÍA INFORMÁTICA EDUCACIÓN PLÁSTICA Y VISUAL CULTURA CLÁSICA FÍSICA Y QUÍMICA FILOSOFÍA	LENGUA CASTELLANA LLENGUA VALENCIANA INGLÉS LATÍN VALORES ÉTICOS INICIACIÓN ACTIVIDAD EMPRENDEDORA CIENCIAS APLICADAS	MÚSICA BIOLOGIA INGLÉS

Tabla 15. Relación de materias del currículum de ESO en la Comunitat Valenciana y tratamiento que hacen de las competencias, atendiendo al currículum establecido en el Decreto 87/2015 y al Documento Puente, incluyendo materias que en el Documento Puente no respetan la relación de competencias y criterios de evaluación que hay citado Decreto.

Por todo ello, podemos observar que hay tres materias de ESO que no mantienen correspondencia entre lo que marca el Decreto 87/2015 y lo que se detalla en el Documento Puente. Concretamente son las materias de Inglés, Biología y Música.

En la materia de Inglés se observa que en el Documento Puente se incluye la asignación de la única competencia clave que no aparece en el currículo detallado del Decreto 87/2015. Concretamente La Competencia Matemática y Tecnológica (CMCT) no aparece en el currículum del Decreto pero en el Documento Puente se relaciona con el criterio 3.1, que trata sobre la tipología de textos y registros en distintos formatos de texto oral y/o escrito. Si, en teoría, es el mismo criterio de evaluación no debiese cambiar las competencias asignadas. He ahí la clave. En el Documento Puente se ha transformado el criterio de forma que, dentro de la tipología textual, se han añadido los formatos informáticos como "videoconferencias o podcast". De ahí que se asigne la Competencia Matemática y Tecnológica, y de paso, obviamente, la Competencia Digital.

En cambio, en las materias de Música y de Biología, el caso es el contrario. Es decir, en el Decreto 87/2015 se incluyen todas las competencias claves a lo largo del currículum de ESO, pero en el Documento Puente hay alguna competencia que no se incluye. Veamos por separado los casos.

En la materia de Música, la Competencia Matemática y Competencia Tecnológica (CMCT) no se incluye en el Documento Puente a pesar de que el Decreto sí la asigna a los criterios 2.3 en 1ESO y que trata sobre la discriminación de las posibilidades de sonido; y el 5.14 para todos cursos, que versa sobre la creación y edición de contenidos digitales

En la materia de Biología, sucede algo similar pero con la Competencia de Conciencia y Expresiones Culturales (CEC), la cuál no se incluye en el Documento Puente a pesar de que el Decreto 87/2015 está asociada al criterio 2.6 de 3ESO que trata sobre la capacidad de diferenciar hábitos de alimentación personales y culturales.

Asignaturas	Tipo de Asignatura	Nivel ESO	COMPETENCIAS CLAVE						
			CCLI	CMCT	CD	CAA	SIEE	CSC	CEC
Lengua y Literatura Castellana	Troncal	Todos	SI	NO	SI	SI	SI	SI	SI
LLengua i Literatura Valenciana	Libre configuración autonómica	Todos	SI	NO	SI	SI	SI	SI	SI
Valores Éticos	Específica	Todos	SI	NO	SI	SI	SI	SI	NO
Latin	Troncal (Académicas)	4ESO	SI	NO	SI	SI	SI	SI	SI
Ciencias Aplicadas a la actividad profesional	Voluntaria Libre configuración autonómica		SI	SI	SI	SI	SI	SI	NO
Iniciativa a la Actividad Empresarial	Específica	3ESO	SI	SI	SI	SI	SI	SI	NO
	Troncal (Aplicadas)	4ESO							

Tabla 16. Especificación de materias que no atienden a todas las competencias clave en la etapa de Educación Secundaria Obligatoria, según el Decreto 87/2015.

Como vemos, las competencias clave que tienen mayor grado de desatención son la Competencia Matemática y Tecnológica (CMCT) que no se atiende en cuatro de las materias curriculares (de las cuáles tres son materias lingüísticas) y la de Conciencia y Expresiones Culturales (CEC) que no se trabaja en otras tres asignaturas (de las cuáles dos se relacionan con la actividad empresarial y profesional).

Tras este análisis de la realidad curricular de las competencias claves en las materias de ESO para la Comunitat Valenciana, cabe señalar que para las asignaturas que de un modo u otro no atienden al desarrollo de alguna o varias competencias, podría tener un efecto importante. Si recapitulamos lo que señala la Orden de Evaluación 38/2017 del 4 de octubre de la Conselleria de Educación, Investigación, Cultura y Deporte; en su capítulo 2 y artículo 8 "carácter de la evaluación", dice que en cuanto a las decisiones de promoción será determinante la calificación de las materias, así como el grado de adquisición de las competencias: lingüística y las de matemáticas, ciencia y tecnología, en el conjunto de las materias. Es decir, que no sólo se precisa aprobar las materias sino haber adquirido las competencias. Es más, se detalla que en caso de tener que decidir sobre la promoción o no de un alumno/a, habrá que atender al grado de dominio de fundamentalmente dos competencias, la lingüística (que todas las materias trabajan) y la matemática y tecnológica, la cuál no todas las materias atienden. Por tanto, estas materias no podrían tomar parte de forma completa en la decisión de promoción en ese supuesto caso.

4. Un alumno/a suspende una o varias competencias.

A efectos calificativos, que haya una competencia suspendida no tiene por qué condicionar el suspenso trimestral o anual del alumno/a, ya que será ponderación de cada una las competencias la que determine, en realidad, esta calificación. Es decir, si de las siete notas ponderadas que determinan la evaluación, una o varias estuviesen suspendidas, no debe acarrear el suspenso trimestral ni final dado que, como siempre, se ponderarán las competencias siguiendo el criterio previamente seleccionado, y la suma de todas ellas resultará en la calificación. De modo, que puede tener una o varias competencias suspendidas, pero aprobar la evaluación.

Sin embargo, y al margen de la nota de evaluación, podremos ver qué competencias no tiene adquiridas, por el momento. Y poder discernir en la evaluación entre siete competencias va a permitir conocer en qué áreas de conocimiento presenta mayor dificultad y, por tanto, conocer si en otras materias sucede lo mismo o no. Y será en la junta de evaluación, formada por todos los profesores y profesoras que imparten docencia al alumno/a en cuestión, dónde pueda emitirse un análisis general de cada competencia por separado, dejando de lado incluso, la calificación obtenida y centrándose en aspectos más particulares que subyacen del nivel mostrado en las competencias.

Se trata de aparcar el análisis específico de asignaturas en el que cada profesor/a detalla particularidades muy concretas en las que ha destacado el alumno/a por su alto o bajo nivel demostrado. Suelen ser comentarios muy específicos y poco comparables a lo que sucede en otras materias. De hecho, solo cuando se generalizan hábitos de comportamiento o de relación social, es cuando el resto de profesores /as pueden compararlo a lo que han visto en sus clases.

Ahora se apuesta por competencias comunes a cada materia. De modo que todo el equipo docente, tal y como estipulan la Orden Autonómica 38/2017 del 04 de octubre y la Orden Ministerial ECD/65/2015 del 21 de enero, puede emitir una evaluación detallada sobre el grado de adquisición de cada competencia por parte del alumnado. En otras palabras, aunque haya conceptos específicos propios de cada materia, todo el profesorado podrá poner en común el nivel competencial demostrado por el alumno/a en la evaluación correspondiente. Podrán hablar de lo mismo. Compartirán.

Y por fin, el Consejo Orientador que dispone la Conselleria para su obligado cumplimiento para cada alumno al finalizar el curso, tendrá sentido y se ajustará a lo que piden las instituciones europeas: que todo el equipo educativo y el conjunto de las materias den su visión de cada competencia. Por desgracia, en la mayoría de centros en la actualidad, esto no sucede puesto que se cumplimenta de forma muy rápida y con poca participación de todos los departamentos en la determinación del grado de adquisición de cada competencia por parte del alumno/a. Incluso, en ocasiones, solo de pide a las materias más íntimamente relacionadas con la competencia, que den su opinión; quedando el resto claramente marginadas. Esto, además de contravenir las indicaciones legislativas, supone que haya atribuciones un poco cuestionables acerca de qué asignaturas trabajan en mayor medida qué competencias. Y esta disputa, ni tiene sentido ni debe suceder.

5. La recuperación trimestral, anual o de asignatura pendiente.

Cuando un alumno/a suspenda una evaluación trimestral o anual, debe tener acceso a una prueba para recuperar la materia, tanto trimestralmente como anualmente. Las condiciones de esa prueba y los criterios de recuperación, son un elemento importante en las programaciones anuales de cada departamento y deben ser incluidas en el punto “Evaluación” de las mismas.

Cuando un alumno/a ha de recuperar un trimestre, un curso (en las pruebas extraordinarias de julio) o una materia pendiente del curso anterior, ha de ser capaz se mostrar que ha habido una evolución. Y en muchas ocasiones este progreso sólo se mide en conocimientos, cuando en realidad, cuando un alumno/a suspende no sólo lo hace por falta de conocimientos, sino que son otros factores los que determinan este suspenso. Por eso, una evaluación por competencias permite diferenciar en qué aspectos ha de mejorar de cara a la próxima evaluación, ya sea trimestral, anual o pendiente del curso anterior.

Al apostar por una evaluación por competencias, el alumnado que haya de realizar alguna recuperación sólo debería demostrar que ha mejorado en los ámbitos en los que no demostró el nivel mínimo para aprobar. Es decir, que un alumno/a que demostrase un nivel adecuado en ciertas competencias no tuviese que recuperarlas porque nunca estuvieron suspendidas. Esta conceptualización, que parece tan obvia, muchas veces no se tiene en cuenta a la hora de crear instrumentos de recuperación de la materia. Bien porque se quiere generalizar, de modo que dos alumnos con distintos rendimientos hayan de hacer el mismo examen; o bien porque se atiende a las unidades didácticas suspendidas, de modo que habrá partes que sí aprobó en esa unidad pero que va a volver a repetir en la recuperación.

Vaya por delante que para que un alumno/a suspendiera una evaluación, y siguiendo con lo establecido en el apartado de "ponderación de las competencias", debería suspender varias competencias o presentar una evaluación muy justa en el resto de competencias para que con sólo una suspendida, suspenda la evaluación.

Sea como fuere, una recuperación por competencias deberá atender solo a las competencias suspendidas, de modo que en la prueba de recuperación sólo deberían incluirse actividades que den respuesta a las competencias donde falló en su momento. Así lograremos que

- El examen se ajuste en tiempo, dado que suele haber un tiempo reducido para poder recuperar la materia y muchas veces se quieren incluir demasiadas tareas para tan poco tiempo.

- El examen se ajuste en forma, ya que se aislarán las competencias y no habrá interferencias con otras competencias ya aprobadas (evitaremos que se repitan tareas aprobadas).

- Se mantenga el nivel de exigencia de la prueba para aprobar la materia. Este punto es importante porque muchas veces las pruebas de recuperación según qué casos y situaciones, acaban por ser pruebas donde la corrección se hace menos rigurosa. Y esto ni es justo para el propio alumno/a ni para el resto de compañeros/as que se han esforzado durante toda la evaluación por completo y que ven cómo otros alumnos/as pueden aprobar sin tanta dedicación.

- Haya interdisciplinariedad, puesto que, al tratarse de competencias comunes a todas las asignaturas, pudiera darse el caso que un alumno/a que haya suspendido las mismas competencias en dos materias distintas. Así podría recuperarlas en un examen conjunto, en el que lo importante no solo sería el contenido propio de la materia sino demostrar el dominio competencial que le permite manipular los contenidos en función de lo que se le requiere en la tarea.

6. La evaluación por competencias es una utopía.

Quizás el último de logros señalados en el supuesto anterior suene a utopía. Quizás lo sea. Pero seguro que si caminamos en esta dirección la formación del alumnado vaya más en consonancia con lo que se pide desde los organismos educativos.

Cada departamento es libre de optar por un tipo de evaluación u otra. Pero todos ellos han de dar respuesta al grado de dominio de las competencias en cada evaluación, y esto no se hace.

La inclusión en la evaluación competencial

Manuel Laureda García

Atendiendo a las bases sobre las que hemos establecido este sistema de evaluación por competencias, todos y todas han de tener las mismas oportunidades y se han de respetar al máximo las capacidades y ritmos de aprendizaje. Tanto en el Decreto 104/2018, de 27 de julio; como sobretodo en la Orden 20/2019, de 30 de abril en la sección de medidas individualizadas para el aprendizaje, se especifica que *con el fin de que todo el alumnado pueda participar en las actividades de su grupo-clase y lograr los objetivos y las* ***competencias clave*** *de la etapa, el profesorado ha de adecuar las programaciones didácticas a los diferentes ritmos, estilos y capacidades de aprendizaje.*

Es decir, la ley apuesta por una adaptación curricular individual promoviendo la inclusión dentro del grupo-clase. Y esas medidas se van a desarrollar atendiendo a los alumnos incluidos en el nivel II y nivel III de adaptación. Se considera que:

- El nivel II es aquel que hace referencia a atenciones concretas dentro de la totalidad del grupo clase (medidas de ampliación y refuerzo).
- El nivel III afecta a alumnos y alumnas de forma diferenciada por precisar refuerzo pedagógico (dificultades en ciertas materias, alumnos con materias pendientes del curso anterior, alumnos que repiten curso y alumnos de incorporación tardía) o enriquecimiento curricular por presentar altas capacidades,

Es decir, entendemos al alumnado como un conjunto de personas totalmente distintas que presentan características diferentes y cuya inteligencia múltiple ofrece muchas posibilidades de atención. Cada alumno/a puede ser competente en distinto grado en cada inteligencia. O lo que es lo mismo, si vamos a atender a la diversidad, con el trabajo competencial es más fácil que se haga con la inclusión de los alumnos, dado que podrán trabajar junto a sus compañeros, adaptando solamente las competencias en las que presenten niveles más bajos que la media.

La adaptación y atención curricular se hace, de este modo, mucho más sensible y personal. Cada sujeto presentará siete tipos de habilidades en forma de competencias, dentro de las cuáles, además, encontraremos diferentes tipos de contenidos con los que trabajar (conceptuales, prácticos y de valores).

De hecho en el mismo Artículo 14, punto 5 de la Orden 20/2019 del 30 de Abril, se especifica que cuando se haga una adaptación, ***se tiene que asegurar el logro de las competencias clave de la etapa***, de acuerdo con los criterios de evaluación, para obtener la titulación o la competencia profesional del título correspondiente.

Por todo esto, podemos asegurar que un sistema de evaluación del alumnado por competencias favorece la inclusión del alumnado. Y apostamos por llevar a la práctica dos cambios importantes en relación a la inclusión educativa:

1. Por un lado, apostaremos por realizar las atenciones y las adaptaciones curriculares desde la perspectiva de las competencias clave. Es más sencillo realizar actividades de adaptación y atención individualizada respetando su inclusión dentro del grupo-clase, si somos capaces de reconocer y detectar en qué competencias presenta mayores dificultades el alumno/a.

Si cuando se enseña por competencias el profesorado es sensible a estas realidades, estaremos en disposición de detectar qué tipo de competencias son las que se han de adecuar a los alumnos y alumnas. Es decir, que la atención individual no sólo se realizaría en una materia en concreto, sino en el conjunto de las materias que trabajan la competencia concreta.

Por ejemplo, si un alumno/a presenta dificultades a la hora de escribir, es más sencillo determinar una respuesta unánime del conjunto de las materias para atender a ese alumno/a que ha de completar tareas de escritura en todas las materias del currículum, haciendo hincapié en la inclusión en la Competencia Lingüística. Esto va a permitir que las adaptaciones se hagan de forma transversal y no de forma aislada en una sola asignatura (como sucede en las adaptaciones matemáticas), y que el alumno/a reciba una atención individual desde todas las materias del currículum.

Si, en cambio, presenta problemas de relación social con el resto del grupo la Competencia Social y Ciudadana que promueve entre otras actitudes, la relación y los grupos de trabajo; deberá de potenciarse en todas las materias. Este es un buen ejemplo de necesidades individuales que resultan muy difícil de precisar como adaptación, puesto que no conllevan consigo tareas de operación o escritura. Con el sistema de evaluación competencial, en cambio, quedan establecidas a partir de los indicadores de logro (a nivel autonómico) o los estándares de aprendizaje (a nivel nacional), que son los elementos de mayor concreción curricular existentes, y que facilitan la observación y graduación de los aprendizajes del alumnado.

2. En relación con la propuesta anterior subyace una nueva: adecuar los informes pedagógicos individuales de los/las estudiantes. Se trata de complementar los informes pedagógicos del alumno/a para adecuarse a la realidad curricular.

Esto es, habitualmente nos encontramos con informes individuales pedagógicos que recogen la realidad del aprendizaje de los alumnos dividendo las áreas de conocimiento en ámbitos distintos en función del tipo de batería de test que se consulte.

Existen test de inteligencia, como el K-BIT (test Breve de Inteligencia de Kaufman), El test RAVEN de matrices progresivas o el TONI (Test de Inteligencia No Verbal); en los que la medida de evaluación se centra en aspectos muy concretos de la inteligencia del sujeto. En otras palabras, ignora otros aspectos o inteligencias sumamente importante para determinar la inteligencia múltiple, como propuso H. Gardner en la década de los '70. Además, son test que pueden utilizarse desde la primera infancia hasta la madurez, de modo que son poco específicos para la etapa evolutiva escolar que nos interesa.

En cambio, hay otros test de evaluación que se ajustan al citado período de vida de escolarización obligatoria. Dos buenos ejemplos son el BADYG (Batería de Aptitudes Diferenciadas y Generales) o el WISC-V (Escala de Inteligencia Wechsler para Niños).

El primero, que puede aplicarse desde los 4 a los 18 años, evalúa a través de cuatro bloques de pruebas:

- Factores globales: lógica, verbal y de cálculo
- Pruebas específicas: se evalúa matemáticas y lengua
- Pruebas complementarias: agudeza visual y ortografía
- Cualificaciones de la inteligencia: eficacia, rapidez, autoevaluación y atiende a la emoción como circunstancia limitante para el desarrollo de la prueba.

Por su parte, el test WISC-V evalúa a través de tres escalas:

- Escalas primarias: dónde se recoge información sobre lengua, matemáticas, lógica y capacidad visual y espacial.
- Escalas secundarias: con atención a trabajo sensorial (auditivo y visual), pruebas matemáticas y de lenguaje.
- Escala Total: dónde divide en cinco las aptitudes evaluadas, siendo comprensión verbal, velocidad de procesamiento, visoespacial, razonamiento fluido y memoria de trabajo.

Todas, tanto éstas últimas como las anteriormente citadas, son pruebas que no atienden a parte de las inteligencias múltiples ni a todas las competencias de este estudio. Se centran en el análisis y evaluación de capacidades y habilidades muy operativas, pero que no atienden al sujeto de forma íntegra. Evidentemente, estos test cuentan con una gran reputación nacional e internacional que les avala y que no proponemos poner en duda; pero al menos si cabría la posibilidad de plantearse un nuevo enfoque que reconduzca estos test hacía la realidad educativa en los centros educativos europeos. No debiéramos utilizar materiales y herramientas para interactuar con los alumnos/as, sea cual sea su ámbito de aplicación, si no van en consonancia a lo que nos piden las autoridades competentes en materia educativa.

Hoy por hoy, las competencias clave son una realidad, y han venido para quedarse. Por ese motivo, los test que ayudan los profesionales de la pedagogía a analizar la realidad de un alumno escolarizado deberían atender a los objetivos y las competencias que se atribuyen a su periodo educativo. Y ambos elementos curriculares atienden a una pretensión evidente: formar a alumnos y alumnas plurales y múltiples para la vida adulta.

Eso supone formar a adolescentes en muchos ámbitos, en muchas inteligencias y en muchas competencias. Estos ejemplos de pruebas de diagnóstico solo atienden a parte de ellas (eminentemente instrumentales), y se acentúa la falta de trabajo en materia de nuevas tecnologías o de análisis comportamental en situaciones de relación social con otras personas.

Por todo ello, y recapitulando, deberíamos proponer test de análisis y diagnósticos psicopedagógicos que arrojen información múltiple y en consonancia con los actuales objetivos de etapa educativa y, sobretodo, con las competencias clave. Así, podríamos obtener otro tipo de información más ajustadas para elaborar informes individuales pedagógicos en los que se preste atención no sólo a las habilidades y conocimientos instrumentales del alumno, sino a todas las competencias que debe alcanzar al finalizar sus estudios obligatorios.

Si lo lográsemos, cuando un alumno/a tuviese que ser evaluado/a por el Departamento de Orientación del centro, se crearía un informe en el que se determinase el nivel de aptitud en cada una de las siete competencias. Y con ello, pretender realizar atenciones concretas, no sólo en las asignaturas instrumentales sino en el conjunto de las materias puesto que todas las asignaturas trabajan las competencias clave.

Por ejemplo, un alumno/a que tenga dificultades en la expresión escrita, no sólo recibiría una atención específica en las materias de lenguas sino que el resto de asignaturas podrían adaptar las tareas, conocimientos y/o materiales de aquellos contenidos que tengan carácter lingüístico. Y esa esencia lingüística la encontramos tanto en el bloque al que pertenece el contenido, como en la asignación concreta de la Competencia Lingüística (CCLI) a su criterio de evaluación.

Conclusiones

Las competencias clave surgen y se promueven desde instituciones creadas con fines económicos que, por tanto, carecen de una visión pedagógica que les permita formularlas atendiendo a las necesidades educativas de los niños/as y adolescentes que van a adquirirlas tras su paso por la enseñanza obligatoria. Y ante esta realidad, ¿qué puede hacer el profesorado? Pues en realidad tenemos dos caminos: seguir ignorándolas de modo que nuestra forma docente siga ajustándose a los conocimientos propios de la materia que impartimos; o bien las atendemos.

En el segundo supuesto, al que nos obliga además la normativa evaluativa, se nos presenta la posibilidad de apostar por una nueva perspectiva. Atender a las competencias e incluirlas en nuestra praxis docente ayudará a que sean tratadas como lo que en realidad deberían de ser: una formación transversal a la que todas las materias del currículo ayuden a adquirir.

Y esta oportunidad de cambio, se presenta como única.

Por todo lo expuesto en este trabajo, podemos concluir en función de la profundidad del cambio que estemos dispuestos a crear, lograremos evolucionar más o menos el proceso evaluativo en la educación. Evolucionar, en definitiva, la educación.

Imaginemos una línea que una los conceptos "calificación" y "evaluación" que ya hemos expuesto en este texto. Cuando mayor sea la intención de cambio, más cerca estaremos del cambio en la evaluación. Cuando las intenciones y los actos sean de menor calado, más nos alejaremos y más próximos estaremos de cambiar solo la forma de calificar.

Un cambio en la forma de evaluar implica un cambio profundo en muchas direcciones. Supone una nueva forma de interpretar:

- Criterios de calificación: las calificaciones responden al nivel de adquisición de cada una de las siete competencias clave, y no al nivel demostrado en una unidad didáctica ni el nivel en pruebas prácticas o teóricas.

- Metodología: El alumno/a ha de protagonizar su propio aprendizaje. Ha de llegar a él/ella por si mismo/a de forma que, a la postre, ese aprendizaje sea significativo y perdure por siempre.

- Instrumentos y actividades de evaluación: Innovar para adaptarse a las nuevas realidades. Supone apostar por nuevos formatos de pruebas o nuevas formas de exámenes. Y supone invertir mucho tiempo y esfuerzo en la creación de esas nuevas formas de evaluación, que integren y articulen varias competencias al mismo tiempo y que supongan un estímulo para el alumnado.

- Recursos materiales: no podemos preparar a adolescentes del siglo XXI con los mismos materiales con los que aprendieron sus padres. Las nuevas tecnologías son un buen ejemplo, pero no deben ser solo el único recurso material vanguardista.

- Actividades complementarias: deben complementar el currículum atendiendo al desarrollo competencial del alumno y la alumna. Es decir, ya no serán responsabilidad exclusiva de una asignatura que lo organiza, sino que la misma actividad dará respuesta a varias competencias al mismo tiempo. Así pues, serán actividades interdisciplinares e implicarán la organización conjunta de varios departamentos.

- Distribución temporal de las sesiones: todo cambio necesita tiempo de adaptación. De modo que, para que los aprendizajes se logren y consoliden usando esta nueva de entender la enseñanza y lo hagan respetando los distintos ritmos de aprendizaje, vamos a invertir más tiempo. Esto supone la creación de programaciones más abiertas al cambio, de modo que el objetivo ya no debe ser que al finalizar el curso se hayan de tratar un número de unidades concretas, sino que se logren un número determinado de aprendizajes y se adquieran las competencias clave, con independencia del número de unidades que se hayan trabajado por trimestre.

- Organización del alumnado: aprender de forma distinta supone que el camino que ha de recorrer el alumno/a para alcanzarlo será distinto. Y en ese trayecto, pueden (y debiera) encontrarse con más gente que le permita aprender de forma simbiótica. Aprender no solo supone mejorar de forma individual.

Si somos capaces de atender a estas nuevas perspectivas, el cambio se va a producir de forma general en la forma de programar, enseñar, educar y aprender. La visión heterogénea de cada alumno/a por separado y de todos/as en conjunto, es lo que va a permitir enriquecer el proceso.

Cuando hablamos de innovar, es la incertidumbre de no saber si lo estaremos haciendo bien la que nos frena. Sentimos inseguridad y en el fondo tememos que alguien pueda recriminar nuestra actitud, un "esto está mal". Miedo al fracaso. Miedo a que esa inseguridad la perciban los alumnos y alumnas, y se genere una sensación a nuestro alrededor de que no somos competentes. ¿Qué contradicción verdad? No apostaríamos por la diversidad competencial del alumnado por el temor de no ser suficientemente competentes.

Dejemos esa inseguridad a un lado. Si nos acogemos a los que dictan las leyes, esas que pocos se leen en realidad, tendremos la fuerza de la legislación y la seguridad para afrontar el cambio. Innovar y cambiar para el beneficio de unas generaciones de adolescentes que gobernarán nuestra sociedad en apenas una década. Es nuestra responsabilidad, por tanto, prepararlos para esa vida adulta que les aguarda al girar la esquina. Hemos de formar a personas competentes para vivir en sociedad, no personas que sepan memorizar textos interminables o aplicar fórmulas matemáticas que luego servirán de poco en su vida adulta. Hemos de preparar a la gente para que se relacionen y no sólo aprendan y vivan de forma individual, porque el individualismo conlleva la falta de civismo y esto amenaza a las sociedades democráticas, como ya advertía Alexis de Tocqueville hace dos siglos (Ros, 2001).

El estatismo en el mundo de la educación, la estabilidad y el conformismo son solo una opción. Pero afortunadamente hay otra opción. Existe gente dispuesta a innovar, avanzar y evolucionar. Adaptarse y cambio constante, esa es la cuestión.

Bibliografía

- Antunes, C. (2003). *¿Cómo desarrollar contenidos aplicando las Inteligencias Múltiples?* Buenos Aires: San Benito.

- Calderón, C. & Escalera, G. (2008). La evaluación de la docencia ante el reto del espacio europeo de educación superior (EESS). *Revista Educación XX1*. 11 (1), 237-256. Recuperado de http://revistas.uned.es/index.php/educacionXX1/article/view/316

- Cantó, A. & García M.E. (coords.). (2016). *Documento Puente para la Educación Secundaria Obligatoria*. Servicio de Formación del Profesorado de la Conselleria de Educación, Investigación, Cultura y Deporte. ISBN: 978-84-482-6094-1

- Demetriou, A.; Spanoudis, G.& Mouyi, A. (2011). Educating the Developing Mind: Towards an Overarching Paradigm. *Educational Psychology Review*. 23 (4), 601-663. doi:10.1007/s10648-011-9178-3.

- Duque, J.E.; Barco, J.; & Peláez, F.J. (2011). Santiago Felipe Ramón y Cajal, ¿Padre de la Neurociencia o Pionero de la Ciencia Neural?. International Journal of Morphology. 29 (4). 1202-1206. dx.doi.org/10.4067/S0717-95022011000400022.

- Escarabajal M.D. & Torres, C. (2004). Precisiones conceptuales en torno a Psicobiología y Neurociencia: afinidades y divergencias. *Seminario Médico*. 56 (2). 67-72

- Fernández, A. (2010). La evaluación orientada al aprendizaje en un modelo de formación por competencias en la educación universitaria. *Revista REDU: Revista de Docencia Universitaria*. 8 (1), 11-34. Recuperado de http://redu.net/redu/documentos/vol8_n1_completo.pdf

- García, C. (2005). Evaluación y desarrollo de la competencia cognitiva. un estudio desde el modelo de las inteligencias múltiples (Tesis doctoral). Secretaria General Técnica, Subdirección General de Información y publicaciones. Ministerio de Educación y Ciencia.

Recuperado de https://sede.educacion.gob.es/publiventa/d/12016/19/0

- Gardner, H. (1983): *Inteligencias múltiples*. Buenos Aires: Paidós.

- Gardner, H. (2010). *La inteligencia reformulada: las inteligencias múltiples en el siglo XXI*. Buenos Aires: Paidós.

- Gómez, I (2002). El proyecto Spectrum. *Revista de educación,* 328 (1), 477-492. Recuperado de http://www.educacionyfp.gob.es/dam/jcr:300f6f6c-946c-4454-a466-8f388e1a89db/re3282610861-pdf.pdf

- Méndez, A.; López-Téllez, G. & Sierra, B. (2009). Competencias básicas: sobre la exclusión de la competencia motriz y las aportaciones desde la educación física. *Retos, nuevas tendencias djen educación física, deporte y recreación.* 16 (2). 51-57

- Mora, F. (2017): Neuroeducación. Solo se puede aprender aquello que se ama. Madrid: Alianza Editorial. Madrid.

- Pérez-Pueyo, A.; García, O,; Hortigüela, D.; Aznar, M. & Vidal, S. (2016). ¿Es posible una 8verdadera) competencia clave relacionada con lo motriz? La competencia corporal. *Revista española de educación física y deportes.* 415. 51-71.

- Perkins, D. (2001). *La escuela inteligente. Del adiestramiento de la memoria a la educación de la mente.* Barcelona: Gedisa.

- Ponti, F. (23 de febrero de 2019). *Tres reflexiones sobre innovación educativa.* (Conferencia Inaugural). IV Jornadas de participación e Intercambio de la Comunidad Educativa. "Buenas prácticas". Valencia. Conselleria d'Educació, Investigació, Cultura i Esport.

- Ros, J.M (2001). Consideraciones sobre la crítica de A. Tocqueville al individualismo democrático. *Recerca: Revista de pensament i análisi.1(1),* 39-51. Recuperado de http://www.e-revistes.uji.es/index.php/recerca/article/view/283/265

Legislación consultada.

- Recomendación (CE) 2006/962 del Parlamento Europeo y del Consejo, de 18 de diciembre, sobre las competencias clave para el aprendizaje permanente. Diario Oficial de la Unión Europea L nº3947. 10-18.

- Ley Orgánica 8/2013, de 9 de diciembre, para la mejora de la calidad educativa. Boletín Oficial del Estado, núm. 295 de 10 diciembre de 2013.

- Real Decreto 126/2014, de 28 de febrero, por el que se establece el currículo básico de la Educación Primaria. Boletín Oficial del Estado, núm. 52, de 1 de marzo de 2014.

- Real Decreto 1105/2014, de 26 de diciembre, por el que se establece el currículo de la Educación Secundaria Obligatoria y el Bachillerato. Boletín Oficial del Estado, núm. 3, de 3 de enero de 2015.

- Real Decreto 310/2016, de 29 de julio, por el que se regulan las evaluaciones finales de Educación Secundaria Obligatoria y de Bachillerato. Boletín Oficial del Estado, núm. 183, de 30 de julio de 2016.

- Real Decreto 562/2017, de 2 de junio, por el que se regulan las condiciones para la obtención de los títulos de Graduado en Educación Secundaria Obligatoria y de Bachiller. Boletín Oficial del Estado, núm. 132, de 3 junio de 2017.

- Orden ECI/2572/2007, de 4 de septiembre, sobre la evaluación en Educación Secundaria Obligatoria. Boletín Oficial del Estado, núm. 230, de 24 de septiembre de 2012.

- Orden ECD/65/2015, de 21 de enero, por la que se describen las relaciones entre las competencias, los contenidos y los criterios de evaluación de la educación primaria, la educación secundaria obligatoria y el bachillerato. Boletín Oficial del Estado, núm. 25, de 29 enero de 2015.

- Decreto 108/2014, de 4 de julio, del Consell, por el que establece el currículo y desarrolla la ordenación general de la educación primaria en la Comunitat Valenciana. Diari Oficial de la Generalitat Valenciana, núm. 7311, de 7 de julio de 2014.

- Decreto 87/2015, de 5 de junio, del Consell, por el que establece el currículo y desarrolla la ordenación general de la Educación Secundaria Obligatoria y del Bachillerato en la Comunitat Valenciana. Diari Oficial de la Generalitat Valenciana, núm. 7544, de 10 de junio de 2015.

- Decreto 104/2018, de 27 de julio, del Consell, por el que se desarrollan los principios de equidad y de inclusión en el sistema educativo valenciano. Diari Oficial de la Generalitat Valenciana, de 7 de agosto de 2018, núm. 8356.

- Orden 32/2011, de 20 de diciembre, de la Conselleria de Educación, Formación y Empleo, por la que se regula el derecho del alumnado a la objetividad en la evaluación, y se establece el procedimiento de reclamación de calificaciones obtenidas y de las decisiones de promoción, de certificación o de obtención del título académico que corresponda. Diari Oficial de la Generalitat Valenciana, de 128 de diciembre de 2011, núm. 6680.

- Orden 38/2017, de 4 de octubre, de la Consellería de Educación, Investigación, Cultura y Deporte, por la que se regula la evaluación en la Educación Secundaria Obligatoria, en Bachillerato y en las enseñanzas de la Educación en las Personas Adultas en la Comunitat Valenciana. Diari Oficial de la Generalitat Valenciana, de 10 de octubre de 2017, núm. 8146.

- Orden 20/2019, de 30 de abril, de la Consellería de Educación, Investigación, Cultura y Deporte, por la cual se regula la organización de la respuesta educativa para la inclusión del alumno en los centros docentes sostenidos con fondos públicos del sistema educativo valenciano. Diari Oficial de la Generalitat Valenciana, de 3 de mayo de 2019, núm. 8540.

- Resolución de 5 de marzo de 2008, de la Dirección General de Ordenación y Centros Docentes, por la que se dictan instrucciones para formalizar los documentos básicos de evaluación y se establece el procedimiento de solicitud de asignación del número de historial académico para Educación Primaria y Educación Secundaria Obligatoria. Diari Oficial de la Generalitat Valenciana, de 14 de marzo de 2008, núm. 5724.

Otros documentos consultados.

- Conclusiones Consejo Europeo del 23 y 24 de marzo de 2000. Recuperado de https://www.europarl.europa.eu/summits/lis1_es.htm

www.ingramcontent.com/pod-product-compliance
Ingram Content Group UK Ltd.
Pitfield, Milton Keynes, MK11 3LW, UK
UKHW061027310726
14090UKWH00024B/441

* 9 7 8 8 4 0 9 2 2 6 6 5 8 *